LE TESTAMENT
DE PABLO ESCOBAR

DU MÊME AUTEUR :

MORAND EXPRESS, Grasset.

En collaboration :

FIN DE SIÈCLE À LA HAVANE, le Seuil.

LA HAVANE, Quai Voltaire.

POURQUOI ÉCRIVEZ-VOUS ?, Livre de Poche.

LE RUGBY, Jean-Claude Lattès.

JEAN-FRANÇOIS FOGEL

LE TESTAMENT DE PABLO ESCOBAR

BERNARD GRASSET
PARIS

I

« EL PATRÓN »

Cette fois, il n'a eu que le temps de mourir. Son unique garde du corps abattu d'entrée au rez-de-chaussée, une cachette hors d'atteinte au premier étage, son seul recours restait une fuite impossible par une fenêtre du deuxième étage. «Pablo! Pablo! Va-t'en!», a crié une femme avant qu'il saute, pieds nus, sur le toit où une rafale de mitraillette l'a cueilli. Pablo Escobar, assassin, trafiquant de drogue, est décédé le 2 décembre 1993, à 15 h 06, dans le quartier La America, à Medellín, de 7 balles tirées par les membres d'un commando de 17 hommes venus l'arrêter plutôt mort que vif.

«Pour les Européens, affirme un personnage du romancier Gabriel García Márquez, l'Amérique latine, c'est un homme avec une moustache, une guitare et un revolver.» Jusqu'au bout, Escobar a servi ce portrait-robot du bandit inspiré et violent ; l'ajout d'une barbe, l'absence de la guitare — il n'avait qu'un revolver 9 mm en main —, à l'instant de son dernier soupir, sont dus aux difficultés endurées par un prisonnier évadé depuis quatre cent quatre-vingt-dix-huit jours et contraint de se protéger avec un déguisement et des armes. Quant au reste, les photos de son cadavre ensanglanté montrent l'expression distante et sereine qui l'habita durant la décennie où il tint le rôle le plus en vue dans la plus cruelle des organisations criminelles, le «cartel de Medellín», producteur et distributeur de l'essentiel de la cocaïne dans le monde.

Telle une publicité, son visage revenait sans cesse sur les écrans de la télévision colombienne : des yeux noirs, petits, rapprochés, un regard minéral sur un nez droit et des lèvres minces. Un physique si commun — taille moyenne, chevelure sombre — qu'il était impossible de citer le moindre signe particulier aux Colombiens invités à le dénoncer. « On recherche Pablo Emilio Escobar Gaviria, demandé par la justice. A quiconque fournit un renseignement permettant sa capture, le gouvernement national offre comme récompense... » ; le temps aidant, ce montant atteint un milliard de pesos (7,8 millions de dollars), soit, nota un implacable observateur, cent cinquante et une années de traitement du Président du pays.

Pour valoir autant, il ne suffit pas de produire et d'acheminer de la cocaïne — même par centaines de tonnes. Et la pratique de l'assassinat ne suffit pas davantage à provoquer un tel intérêt — bien qu'en ce domaine il faille compter les victimes par milliers. Non, ce qui a fait le prix d'Escobar, au sens où se fait la cote d'une action, à la bourse du crime, c'est la brutalité qu'il finit par mettre dans tout ce qu'il entreprenait. Cet autocrate de la pire des mafias, ce capitaine d'industrie, chef d'armée, stratège géopolitique et desperado au service de sa seule cause, était avant tout un praticien de la violence. Un aventurier cynique dans l'action et capable d'une indifférence résolue à l'heure d'endurer des coups. Sa carrière et sa vie se sont fondues dans un déferlement de meurtres et d'actes de terrorisme hors de proportion avec toute destinée. Cela m'était apparu avec une sorte de férocité lumineuse, un matin de janvier 1988, en découvrant le désordre du quartier de Sainte-Marie-des-Anges, à El Poblado, où une voiture piégée — la première de l'histoire de Medellín — venait d'exploser devant un de ses domiciles.

C'était un immeuble sobre, blanc avec des balcons cernant chacun des huit étages : le Monaco. L'attentat en avait fait l'équivalent d'un séchoir à maïs ouvert à tous vents avec, pareille à un drapeau flottant au plus haut, la toile déchirée d'une escarpolette. Les huisseries de plus d'un demi-millier de villas à l'entour étaient descellées ; les tuiles romaines chahutaient sur tous les toits jusqu'à cinq cents mètres du cratère creusé par l'explosion. Des feuilles d'arbres hachées menu et des aiguilles de pin arrachées par le souffle formaient un tapis continu sur le sol des rues. Dans ce faubourg cossu de Medellín, ce désordre était, plus encore qu'un attentat, la proclamation d'un excès. Il y avait trop d'explosif utilisé contre une seule personne pour qu'elle-même ne soit pas trop puissante, trop riche, trop dangereuse.

La police estimait la charge à vingt kilos de dynamite, soit cinq fois moins que ce que contenait le camion piégé utilisé pour l'attentat contre le quotidien *El Espectador* à Bogotá. Là, c'était en septembre 1989, et depuis le hublot de l'avion qui, à ce moment précis, m'emmenait prendre des nouvelles d'Escobar, on voyait à travers la nuée de poussière que le grand bâtiment industriel, abritant rédaction, administration et imprimerie, n'était plus d'équerre. Les rouleaux de papier pour les rotatives restaient stockés à ciel ouvert. La façade était éventrée. Les abords, persillés de débris, ressemblaient à une plage de galets. Pénétrant dans le journal le lendemain, j'avais regardé, par habitude, la petite presse à main exposée à l'entrée, un bijou, aussi beau que les vieilles machines à coudre à pédale, et qui imprima le premier numéro du quotidien. Nappée d'une poussière blanche, fine comme le talc, elle faisait songer au premier débarquement de l'homme sur la lune, à cette poudre où Armstrong laissait des empreintes à chaque pas. La lutte que menait Escobar ne semblait plus toucher terre.

Moins de trois mois plus tard, j'étais confronté au spectacle de la guerre au siège du Département administratif de sécurité (DAS), qui regroupe l'élite de la police criminelle et certains services secrets colombiens. Il ne restait qu'une carcasse de l'énorme édifice de onze niveaux, soufflé par l'explosion d'une demi-tonne de dynamite gélatineuse. L'explosif avait été placé dans un autobus dont les restes gisaient sur le toit de sa cible, à près de trente mètres du sol. Tout autour, vingt-trois pâtés de maisons du quartier de Paloquemao ne valaient pas mieux. Arbres arrachés, automobiles chiffonnées, ruines méconnaissables avec, sortant de leurs murs comme de monstrueux moignons, des poutrelles métalliques tordues. Quelques minutes après l'attentat, en dépit du sang partout répandu, l'ampleur du bilan qui déjà se laissait deviner — une soixantaine de morts, sept cents blessés — impressionnait moins que l'ambition du metteur en scène anonyme qui s'efforçait de camper un paysage de cité bombardée dans une capitale amorçant sa journée de travail.

Là encore, l'attentat était excessif : trop énorme, trop achevé, trop minutieux pour être tout à fait vrai. On était passé de la voiture au camion, puis à l'autobus piégé. L'avion figurait dans cette escalade, mais, en un pays où tout n'est pas forcément ordonné, il avait devancé de deux jours l'autobus. J'ai toujours près de moi au moment où j'écris la une du quotidien péruvien *El Comercio*, dont la lecture m'avait fait revenir de Lima vers Bogotá : « 107 personnes meurent dans l'explosion d'un avion en Colombie ». Il n'y eut pas un seul survivant à bord du Boeing de la compagnie Avianca qui venait de décoller pour Cali, dans le sud-ouest du pays.

A cette époque, j'écrivais pour les journaux des articles qui traitaient parfois de la Colombie. Mais je n'avais eu ni flair ni talent pour me trouver trois fois sur quatre au bon endroit dans la tourmente entourant Escobar. En Colombie, être dans cette tourmente était la chose la plus naturelle qui soit. Tout le pays s'y trouvait plongé, et souvent rassemblé par une entraide nullement feinte qui maintenait l'équité entre une part de douleur et une autre d'humanité.

Toute évocation de la Colombie au temps de Pablo Escobar est injuste. Elle fait la part trop belle aux attentats aveugles, aux meurtres à façon. C'était une violence atroce bien sûr, mais tout le monde trouvait à s'en accommoder si bien qu'on remarquait plutôt à quel point les trépas, la violence, la guerre sont des heures chargées de fraternité — souvenons-nous de l'enthousiasme joyeux de Fabrice rencontrant la cantinière à Waterloo. Il n'y a pas que Stendhal pour exposer ce mélange de la mort et d'une complicité délicieuse. Tolstoï, Babel, Hemingway, Herr, Soljenitsyne ont dit des choses définitives sur ce point. Leurs arguments valent pour la Colombie au point que le décès d'Escobar me souffle, plutôt que le ressouvenir de scènes d'une violence routinière, la nostalgie d'une journée de beauté agreste où un homme me fit entendre, pour la première fois, le surnom que ses subalternes donnaient à ce criminel hors pair : *« El Patrón »*.

Ce jour-là, une petite jeep grise avec la statue d'un petit cheval gris à l'avant du capot m'avait emmené à travers un paysage rempli de fleurs aux couleurs exaltées. C'était un cheval calme, avec une patte à peine levée et un air de soumission. La jeep était usée jusqu'au châssis. On voyait la poussière jaune de la route à travers le plancher. Une image collée sur le tableau de bord affirmait que le voyage se plaçait sous la double protection des lubrifiants Dyna et de la Vierge du Carmen. Le chauffeur croyait davantage aux premiers qu'à la seconde car, aussitôt après m'avoir éveillé, sans attendre d'avaler sa première tasse de café, il avait placé un énorme bidon d'huile derrière son siège.

Plus tard, au cours d'une panne où il fut contraint de démonter le système d'injection, je vis qu'il n'utilisait que la moitié d'un carburateur double corps prélevé sur une voiture de sport. Une des admissions d'air était bouchée par un chiffon gras ficelé avec minutie. Le moteur tournait avec un bruit de maugrément qu'on imaginait adressé à ce bricolage. A dire vrai, on avançait à peine. Cela laissait du temps pour détailler des visages encore endormis sur les bas-côtés. Des hommes veillant à ne pas tourner la tête, tandis que leurs yeux sombres nous suivaient jusqu'au prochain virage. Des femmes chargées de seaux, de sacs et, pour l'une d'elles, d'un énorme dindon aux pattes entravées. Il y avait aussi des enfants qui, vus de loin, semblaient jouer à faire des pâtés ; en approchant, on voyait qu'ils travaillaient à empoter des plants de café.

La jeep a dû s'arrêter au sortir d'un virage. Une cordelette était fixée en travers de la route, reliée à une bouteille vide placée dans la main d'un épouvantail assis contre un talus. *«Borracho»* (ivrogne), crièrent deux gamins cachés dans le fossé et qui tiraient sur la cordelette en riant. Elle s'était prise dans le pare-chocs. L'un d'eux alla la détacher. Cela ne nous ralentissait guère, et il y avait au fond peu de chances que nos noms figurent sur l'un des monuments (en général, une image de la Vierge cernée de phares d'automobiles) que les Colombiens érigent à l'endroit où des voyageurs sont décédés dans un accident de la circulation.

Mon conducteur était un petit homme maigre, calme, avec des joues creuses, des yeux charbonneux et un trait de moustache. La veille, il n'avait pas lâché trois phrases avant de s'assoupir sur un des bat-flanc couverts d'un matelas de mousse sentant le moisi, que la tenancière de cet «*hotelito*» s'acharnait à appeler un lit. Quand la route est devenue un chemin, et même un chemin épouvantable où la jeep gîtait comme un rafiot, il n'a pas été plus loquace. Il a manipulé son volant avec précision pour sauter d'une ornière à l'autre, éviter les trous trop grands, choisir les pierres les plus rondes afin d'y engager ses pneus, et retarder l'avarie qui paraissait inéluctable. Le paysage de petites fermes aux toits de tôle ondulée se laissait envahir par une végétation tropicale de plus en plus fournie. La route montait sans cesse parmi des maisons devenues rares où des fleurs roses, jaunes, orange, mauves explosaient en massifs. Les plus belles, écarlates, étaient celles du *platanillo*, le faux bananier qui ressemble au vrai comme un frère, mais ne donne pas de fruits comestibles.

On s'est arrêté, encore, pour déboucher le seul gicleur en service du carburateur et prendre le casse-croûte de la matinée dans une auberge, une longue bâtisse aux murs de boue séchée, enlaidie de publicités rouillées pour des sodas. Agrippé à un perchoir de métal, un grand perroquet jaune et bleu se dévorait la peau des doigts avec méthode. Il s'interrompit pour hocher la tête en signe d'assentiment au moment où nous le frôlions dans l'étroite véranda menant à la grand-salle. Une femme ordonna à son fils de nous céder la table centrale. Dès qu'on fut assis, elle amena en silence un cœur de vache, placé sur une assiette blanche. Elle se disait fière de sa cuisson. Mon faible enthousiasme la poussa à proposer plutôt un reste de manioc. Les petites crêpes de maïs, immanquables à cette heure, brûlaient les doigts, avant de laisser sur le palais un goût de bonheur domestique mêlé de cendre. Sucré comme un sirop, le café avait quelque chose de doré, semblable à la douce lumière saturant l'ouverture de la porte. Le chauffeur allait et venait de la jeep à la table du petit déjeuner. Il a fini par se lever pour de bon, cracher et faire pénétrer sa salive dans le sol de terre battue avec la semelle de son pied gauche. On est reparti pour très peu de temps. Deux mules attendaient, à guère plus d'un kilomètre de là. Je n'ai pas cru au prénom dont s'affublait celui qui désormais me conduisait.

J'ai préféré marcher. Et même aller en tête, en tenant derrière moi la bride passée par-dessus l'encolure de ma monture. Une sente, clairement marquée par une pelade continue dans l'herbe, grimpait par à-coups entre de grands arbres couvrant des caféiers de leur ombre. « *Café caturra* », a précisé mon nouveau guide. Lui voulait parler, mais il nous était impossible d'avancer côte à côte. Les racines des arbres fragmentaient la pente en de minuscules espaliers emplis de terre où les mules posaient leur sabot avec la prudence d'un chat tâtant l'herbe humide. On avançait sur une voie de moins en moins dessinée. Quelques pierres et une traînée de sable laissée par la pluie, un brusque effondrement du sol ou une énorme branche tombée depuis peu, déjà en pleine putréfaction et garnie d'une végétation parasite, indiquaient qu'on atteignait la frontière d'un empire végétal reculant devant l'homme avec réticence. Lumière tamisée et reflétée par le feuillage vernissé, cimes invisibles des arbres, chants d'oiseaux entrevus : c'était l'incommunicable exaltation de toute avancée à pied dans une *sierra* d'Amérique latine. «Les nouveaux mondes doivent être vécus plutôt qu'expliqués», écrit le romancier cubain Alejo Carpentier.

Rendu hors d'haleine par la pente, occupé à trouver le meilleur endroit, je cherchais à prendre appui de la main sur ce qui devenait un escarpement lorsque j'ai vu, à un mètre de moi, la jante chromée d'une voiture tout terrain Nissan. Impossible de déterminer, dans l'ombre du feuillage, si sa peinture était d'un vermillon rare ou d'un rouge dégradé en orangé par le soleil. Germán, le *capo* que je venais rencontrer, se tenait debout, appuyé sur une aile. C'était un homme un peu rond, au sourire ample et figé, avec une barbe à l'implantation irrégulière. Il avait une curieuse façon de rouler de l'épaule droite, comme s'il replaçait sans cesse une besace pesante et invisible. Sa petite main fut la seule chose glacée que je touchai dans cette journée d'air andin et de soleil.

Bien sûr, il ne se nomme pas Germán et il n'a jamais accepté de me donner ouvertement rendez-vous, mais compte tenu d'un service que j'avais rendu à un membre de sa famille, il savait que j'étais averti de son activité. S'il avait mis en scène cette rencontre impromptue avec un étranger désireux de voir des «*cafeteros*» installés à l'écart, c'était parce que les autres capos, ses confrères, ne pourraient comprendre un manquement délibéré à la règle du silence. Et puisque, miracle, il vit encore, des années après avoir ainsi feint de se trouver par hasard sur mon chemin, le plus simple reste de l'appeler Germán.

Trois hommes l'accompagnaient. Ils se tenaient avec une sorte de pudeur, les bras collés au corps, qui interdisait de voir au premier coup d'œil les revolvers plaqués contre leur cuisse. Je vis aussi des fusils et même, sembla-t-il, une mitraillette dans la voiture. L'un des trois hommes avait le blanc d'un œil entièrement marbré de rouge par un coup. «J'ai pris un courant d'air», m'expliqua-t-il. Le trio imposait une présence un peu lourde, toujours à mi-distance, jamais détendu, avec des regards dépourvus, je ne dis pas de tendresse, ce serait trop attendre des représentants d'une espèce dont le système nerveux central est en permanence branché sur une gâchette, mais il n'existait pas même avec ces trois hommes la connivence qu'aurait dû provoquer une promenade dans un sous-bois où les gouttes de rosée non évaporées sur les feuilles avaient l'éclat de vif-argent d'une larme tombée sur un tapis de feutre vert.

Germán n'en a pas trop fait dans le rôle du propriétaire visitant ses *fincas* de café. Son chapeau, son langage, sa façon de rouler une feuille pliée entre ses doigts pour en mesurer la sécheresse révélaient des manières de paysan. Il était intelligent, réaliste, attaché à ne pas trop en dire. Il avait démarré à la fin des années soixante-dix, tout au nord du pays, dans la Sierra Nevada de Santa Marta, un massif montagneux dominant la mer des Caraïbes, où pousse la meilleure marijuana du monde. La Golden Santa Marta se cultivait alors exclusivement sur brûlis, dans des champs arrachés à la forêt tropicale. Commencée à la hache et à la tronçonneuse, une saison se terminait en arrimant deux sacs d'herbe sur chaque mule descendant vers les plages où des bateaux attendaient au mouillage. La route du littoral n'était qu'une mauvaise piste, peu fréquentée la nuit. L'endroit était sûr, d'autant que policiers et agents du service de répression du trafic de drogue assuraient la protection des trafiquants. «Je m'occupais des cultures. On les surveillait par nous-mêmes», dit Germán avant de s'abîmer dans une typologie sur la façon de charger les mules. «Les gens de la côte installent une petite selle faite de morceaux de bois entrecroisés avec de la paille par-dessous ; nous, dans les sierras de l'intérieur du pays, on pose une sorte de gros sac mou couvert d'une toile imperméable et on pose la charge en équilibre de part et d'autre, liée avec une seule corde.»

Je savais qu'il avait tué un policier la seule fois où il avait pris la responsabilité d'un transfert de marijuana. L'homme protégeait le départ d'un bateau et refusait de participer, comme le prévoyait l'accord passé dans un bar de Barranquilla, au chargement des sacs à bord. Un esclandre bruyant, devant les meneurs de mules et l'équipage du bateau, faisait craindre un règlement de comptes ultérieur. Germán, en position de force avec ses complices, avait abattu son opposant et quitté la région le lendemain. Contraint de partir, auparavant, de la moyenne vallée du Magdalena, dans le centre de la Colombie, après avoir, en état d'ébriété, tué un homme au couteau dans la beuverie brutale d'une *cantina*, il y était donc revenu après cet autre meurtre. Il était plus dur, plus résolu. Lui, qui ne connaissait autrefois que le département d'Antioquia, «travaillait» désormais aussi dans ceux de Santander et de Boyacá. Peu de temps avant notre rencontre, il était sorti blessé mais vivant d'une embuscade tendue par des guérilleros auxquels l'opposait un différend sur le montant à verser pour la protection d'un laboratoire clandestin de cocaïne.

Son monde s'était élargi en passant de la marijuana à la cocaïne. L'expérience acquise, lorsqu'il débroussaillait la forêt et gérait les cultures, faisait de lui un homme idéal au service de la logistique des laboratoires. Comment acheminer en pleine forêt les fûts des produits nécessaires: éther, acide chlorhydrique, kérosène, acétone?

Comment alimenter en électricité la batterie de lampes à infrarouge destinée au séchage de la poudre ? Comment approvisionner le réfectoire des employés ? Comment s'établir le plus loin possible de l'indispensable cours d'eau le long duquel avions ou hélicoptères des services de lutte contre la drogue mènent leur mission de repérage des laboratoires ? Germán donnait posément les réponses à ces questions, sans dissimuler un certain orgueil professionnel. Il parlait des arbres qu'il laissait intacts pour masquer les installations, ce qui allait de soi, et du meilleur moyen pour acquérir la bienveillance des voisins, ce qui m'étonna bien plus ; je croyais les laboratoires à l'écart de tout.

« Même à l'écart de tout, on a des voisins, dit Germán. Il faut qu'ils ne voient rien chez toi, mais qu'ils te disent ce que tu ne vois pas. »

On marchait sur une sente élargie par le passage des mules. Un véhicule tout terrain aurait pu y forcer sa route avec le risque de briser un essieu. Germán s'interrompait pour saluer les familles travaillant sur ses terres qui sortaient à son passage. Il les avait installées lui-même, pourvoyant à leur établissement ou rachetant un lopin déjà défriché. Quelquefois, le père était là, il s'avançait avec les enfants les plus âgés. La mère restait en arrière avec la marmaille. Des sourires, quelques mots. La musique criarde d'un transistor se faisait entendre. D'ailleurs, il y avait toujours sur le sol des piles électriques usagées et, toujours aussi, des douilles de balles. Chaque famille vivait dans des maisons faites avec rien, avec du bois, du torchis, le fer-blanc de bidons ouverts et martelés. Chaque demeure était flanquée d'une aire de ciment destinée au séchage des grains au soleil après leur passage dans le «moulin à café» qui est en fait une bicoque abritant une dépulpeuse sur laquelle coule un filet d'eau. Le café dans cette sierra est lavé, séché, trié à la main. Toute la famille se met à l'ouvrage.

«Le meilleur café, précisait Germán, est celui qui montre un grain entier, de la blancheur de l'ivoire. Ici, on dit: le blanc de l'os.» Je lui ai fait remarquer que c'est exactement l'inverse de la cocaïne: le café finit sombre alors qu'il est blanc au départ, la cocaïne est une poudre blanche mais la pâte qui sert à sa fabrication est plutôt sombre.

Cette remarque sembla le dérouter profondément. «Il s'agit de poisons différents», jugea-t-il après un long silence. Il dressa ensuite une manière de parallèle entre les hommes (qui ont besoin d'un toit sur la tête) et les jeunes plants de café (que l'on protège du soleil avec des feuilles de palmiers). Parlait-il ainsi de la puissance de la nature si extraordinaire autour de nous ? Je n'ai pas eu le temps de le lui demander car l'entretien se terminait : la même Nissan était sur notre chemin, ce qui ne laissait pas de m'étonner. Les trois gardes du corps ne nous avaient pas quittés. Qui s'était chargé de déplacer la voiture pour qu'elle se trouve sur notre parcours ?

Plus professionnel, plus orgueilleux encore, Germán corrigea : ses gardes du corps étaient si nombreux qu'il avait fallu plusieurs voitures pour les amener. Il m'en montra certains, à peine visibles et pourtant proches. Il ne se déplaçait pas sans une protection formant plusieurs cercles autour de lui. Et quel risque lui faisait courir cet entretien ? Aucun, puisqu'il avait eu tout le temps de s'éloigner s'il l'avait voulu : il m'avait suivi à chaque instant tandis que je venais vers lui. Il s'amusa à me dire où j'avais pris mon petit déjeuner. Il en avait été informé, dit-il — je pensais au garçonnet chassé par sa mère au moment de notre arrivée dans l'auberge. Depuis hier, il savait que j'étais en route — là, je pensai au conducteur du taxi qui m'avait mené vers le chauffeur de la jeep au petit cheval. Germán était aussi averti de ma nuit à l'hôtel, du vieux véhicule, de l'itinéraire emprunté. Les regards appuyés des gens rencontrés me semblaient alors expliqués, tout comme ce barrage de militaires où un sergent insistait afin que je lui lise mon nom sur mon passeport.

Parce que Germán parlait plus qu'il ne l'avait voulu, parce que la nature ne faisait pas la part dans ce coin de montagne entre une forêt intacte et des petits champs de caféiers établis comme des chapelles sous la voûte des grands arbres, parce que nous savions tous deux que ce serait notre ultime rencontre — ce qui ne fut pas le cas — et que la discrétion s'imposerait — ce qui se vérifia, jusqu'ici —, je posai la question interdisant une réponse sincère: qui régente une organisation aussi ample?

« Moi », dit-il.

Je n'en doutais pas, il était responsable de sa propre sécurité, mais lui-même, qui avait commencé en gérant un laboratoire, avant d'en aménager de nombreux autres, avait un commanditaire dépendant à son tour de quelqu'un plus haut placé et ainsi de suite. Qui se trouvait au sommet? Germán était assis sur le marchepied de sa voiture, lorsqu'il répondit en baissant la voix avec une expression tout à fait neuve et dont je ne saurais décrire la prudence, disons une sorte de déférence chargée de crainte, une admiration distante et malgré tout avertie:

« Il y a, dit Germán, " El Patrón". »

Je connaissais Escobar, les journaux ne parlaient que de lui, mais j'ignorais ce surnom, et plus encore le respect avec lequel il était prononcé et qui montrait qu' El Patrón couronnait un ordre naturel du monde où la patrouille de militaires, le gamin délateur, les cultures de caféiers poussant dans l'ombre, les laboratoires, les gardes du corps et jusqu'à l'enthousiaste paysage parcouru ce jour-là occupaient leur place.

La mort d'Escobar elle-même participe de cette maîtrise: El Patrón n'avait cessé de répéter : «Je préfère une tombe en Colombie à une prison aux Etats-Unis.» Mais prévoyait-il d'être comblé avec une telle célérité ? Vingt-trois heures ont suffi pour qu'il soit tué, enterré par les médias du monde entier et enfin inhumé pour de bon avec des adieux bâclés.

Mettons de côté les milliers de petites gens et quelques moyens truands venus dans la brume du petit jour se regrouper autour du cimetière Montesacro, à Itagüi, tout près de Medellín. Pour eux, Escobar était «Pablito», auteur de largesses ou lointain dirigeant du trafic de la cocaïne. Ils lui ont offert un ultime salut qu'il n'assura jamais à ceux qu'il a assassinés de sa main, ordonné de tuer, ou dont il a simplement provoqué la mort par le climat de violence où se déroulaient ses activités. D'une certaine façon, il s'agit là de la famille élargie, rassemblée autour des sœurs et de la mère du défunt. Mais au-delà de ce premier cercle, la sortie reste escamotée. A croire qu'il fallait en finir au plus vite, de crainte d'apercevoir dans un moment d'émotion ce qu'étaient cet homme, son pays, et aussi son continent.

L'Amérique latine ne produit pas tant de héros que cela. Ôtons le pilote Ayrton Senna que sa fin tragique a propulsé dans le mythe. Il ne reste, dans les dernières décennies, que deux figures de notoriété, connues du monde entier. Il y a Diego Armando Maradona, footballeur argentin sorti d'un quartier de misère de Buenos Aires avec un pied gauche aussi habile qu'une main. Et il y a Escobar, Colombien né sur un contrefort de la chaîne occidentale des Andes, et qui a donné au crime le visage de la démesure.

(Une parenthèse afin de noter que Maradona a été suspendu par les autorités du football pour usage de cocaïne et qu'un soupçon pèse sur son séjour au club de Naples qui aurait été réglé par la Camorra. Les deux héros issus récemment du monde hispano-américain ont donc été associés à la cocaïne et au concept de mafia. Mais qui attend autre chose de ce continent que des libertadores, des caudillos, des bandits et des chanteurs grattant leur guitare ?)

El Patrón n'obtiendra jamais un juste traitement de l'Histoire. Sa légende à tête de Janus chemine déjà. D'un côté, il y a « Pablito » dont la photo voisine celle de la Vierge dans certaines maisons de Medellín ; de l'autre, les comptes sont faits pour l'essentiel: on lui reproche la mort de plus de six cents policiers, un ministre de la Justice en exercice et deux ex-ministres, un procureur général, trois candidats à la présidence, des dizaines de journalistes, plus de deux cents juges, des centaines d'associés ou de rivaux, des centaines d'innocents...

Impossible, si l'on s'en tient à ces deux visages, de mesurer à quel point l'aventure d'Escobar témoigne avec éloquence d'un continent. Elle agit pourtant comme un révélateur parce qu'elle se trouve au point de concours de deux univers qui s'ignorent d'ordinaire: la représentation populaire et le discours officiel. Durant quelques années, Escobar a même occupé une situation sans équivalent: devenu un mythe pour ceux qui le dénoncent ou le célèbrent, il est en même temps une cible désignée par les institutions. Providence du romanesque, il déploie une violence sans précédent, avec du Mandrin pour la cruauté, du Robin des Bois pour ce qui a trait à l'ironie, du Bakounine dans la rage destructrice, de l'Al Capone par l'ampleur de la criminalité. Mais tout cela en plus riche, en plus sanglant, en plus grand surtout. Même la saga du crime au temps de la prohibition aux Etats-Unis ne peut être comparée. Il s'agissait, au mieux, d'une partie de gendarmes et de voleurs. Avec Escobar, c'est l'Amérique latine et sa peine à vivre qui est mise à nu. Tout se trouve dans son aventure: le poids de la violence et celui de la corruption, la faiblesse de l'Etat et la puissance du dollar, l'immensité de la nature, l'inépuisable rémanence du passé, le fatalisme guetté par le tragique, la conviction que le monde appartient toujours à autrui, que l'Histoire est faite au bénéfice des autres, que ceux qui gagneront sont ceux qui ont déjà gagné.

C'est entendu, Escobar appartient à la pire race de meurtriers. Ses crimes ne sont pas ceux d'un psychopathe, que sa maladie excuse, ou d'un monstre, comme tel impossible à juger. «C'est seulement quand l'assassin est un homme vertueux, remarquait Graham Greene, qu'il peut être considéré comme un monstre.» Escobar ignora toujours la vertu. Tuant sur un simple soupçon ses gardes du corps les plus proches, il en vint, vers la fin de sa fuite, à l'assassinat préalable au soupçon, ainsi celui des maçons bâtissant des caches dans ses refuges. Ses postures, ses propos n'ont jamais eu la flamberge, le cœur des hors-la-loi généreux. Lui-même, par ses qualités essentielles, son intelligence froide, son esprit de méthode, sa maîtrise de la communication, ne cherchait pas la sympathie mais plutôt l'obéissance à son endroit. Son élimination et son inhumation fulgurantes n'en relèvent pas moins de la prestidigitation politique, d'un tour de passe-passe médiatique. C'est une sortie qui tombe à point, celle d'un Billy the Kid, d'un Dillinger. La fin d'un ennemi universel, prophète du désordre et qui n'a que des ennemis : ex-associés, rivaux en affaires, policiers, soldats, juges, journalistes, et fonctionnaires ou gouvernants américains — à commencer par le président des Etats-Unis qui a salué dans sa mort un « travail courageux et efficace ».

Tous souhaitaient trancher sa trop longue trajectoire faisant d'un petit criminel le patron d'une mafia, puis un tueur en perdition, et d'un élu parlementaire l'auteur d'une déclaration de « guerre totale » aux dirigeants de l'Etat, devenu ensuite un détenu rebelle. Un tel parcours criminalo-politique jette pourtant une lumière crue sur une terre et sur une époque. L'homme a régné. Ce seul verbe suppose la distribution d'avantages, la coexistence avec d'autres pouvoirs, des réseaux et des complicités, la capacité à imposer un ordre, à incarner une aspiration partagée. Escobar, c'est autant la jonchée des morts qui garantissait sa propre fin que ce Germán enrichi par la cocaïne et qui, considérant ses terres, ses caféiers, sa garde rapprochée, respirait sur un autre rythme pour prononcer le surnom d'El Patrón.

Même escamoté en vingt-trois heures, Escobar laisse un testament derrière lui. Non pas celui que, peut-être, il écrivit et qui, s'il devait être ouvert, fera trembler plus d'une autorité au-delà de la Colombie, mais celui qu'on peut lire dans son destin de héros satanisé, condamné à mourir en étant montré du doigt, pour que les hommes évitent de chercher dans sa mort les raisons de leur propre solitude.

II

LES LUMIÈRES DE MEDELLÍN

Dieu s'est montré généreux envers Medellín : en guère plus de deux siècles, la ville a connu trois cathédrales. D'abord, la blanche Nuestra Señora de la Candelaria qui, tutoyée par les palmiers d'un square, est devenue une simple église qu'on croirait de porcelaine : style colonial, fronton classique entre deux tours, peinture de madone sur l'autel d'or et de bois peint. C'est un temple si petit que le bruit de la rue s'entend à l'intérieur, ce qui ne saurait se produire dans l'immense « Cathédrale métropolitaine » qui lui a succédé en 1931.

Cette dernière est-elle, avec un demi-hectare couvert, la plus vaste cathédrale d'Amérique du Sud comme cela s'affirme à Medellín ? Dans sa laideur pseudoromane, elle reste en tout cas la seule de cette envergure bâtie en terre cuite. Près de 1 200 000 briques dont chacune garde la lumière du soleil. Les murs sans pierre abritent un grand orgue sans métal dont les 3 478 tuyaux sont en acajou. L'endroit étonne pourtant moins que la «Cathédrale», surnom donné à la bâtisse dominant la ville de très haut, et qui fut la prison habitée par Pablo Escobar durant treize mois à partir du 19 juin 1991.

A la mort du trafiquant, cette longue résidence sans grâce était une structure dévastée, mais d'une majesté intacte, puisqu'elle tient à sa situation, au bord de l'arc gigantesque de la vallée d'Aburra. Le décor abritant Medellín est si ample que descendre d'une des crêtes violettes de la cordillère centrale des Andes vers la ville revient à changer de paysage. En haut, une image des Pyrénées: pierres moussues, torrents à truites, pins et odeur de résine dans la fraîcheur d'une campagne où les maisons aux façades blanches, les volets et balcons peints de couleurs vives évoquent le Pays basque. En bas, une métropole énergique, tropicale, avec embouteillages, vieille cité coloniale, buildings, lotissements et bidonvilles pris entre tamaris, eucalyptus, bambous, manguiers et orangers.

Quand Escobar a imaginé qu'il serait plus en sécurité à l'intérieur d'une prison, il s'est fait incarcérer à mi-pente, sur une sorte de belvédère, dans un ancien centre de soins pour drogués. Au-dessus: les bois, la montagne, une nature souvent intacte montant vers, tout en haut, Rionegro, la bourgade où il est né. Au-dessous : une prairie vertigineuse dégringolant vers Medellín, avec, au premier plan, Envigado, le faubourg où il a grandi et mené sa carrière.

Parce qu'Escobar voyait depuis son promontoire le quartier de Los Olivos où il devait mourir, il semble tentant de situer cette prison à mi-chemin entre sa naissance et sa mort. En fait, Escobar, comme la majorité des hommes de son continent, se trouvait sur le chemin, si tant est qu'il existe, entre la tradition et la modernité. Issu des eaux sombres, des fincas fraîchement défrichées de Rionegro, il était un *«paisa»* de plus (un enfant du *«País»* d'Antioquia), pris dans une aire métropolitaine poussant à la diable. En Antioquia comme ailleurs, ce processus donne toujours une créature hybride : le porteur d'un monde ancien qu'il n'a pas oublié, vivant dans un monde neuf qu'il n'a pas eu le temps d'apprendre.

Le rêve de réalisation individuelle, l'ambition, voire le simple souhait de survivre se confondent si souvent avec la poursuite des mirages de la cité moderne qu'il reste plus équitable de décrire Escobar et ses confrères comme un groupe de paisas qui, malgré des moyens hors du commun, vérifient que personne en Amérique latine, jamais, ne parvient au terme du voyage. Les annuaires de statistiques assurent que les deux tiers des Latino-Américains vivent aujourd'hui en milieu urbain, mais en vérité ils campent toujours aux portes de la cité. On peut répéter comme toujours que les intérêts en place (bourgeoisie, oligarchie, impérialisme...) veillent à ce que nul ne change l'ordre du monde. Je préfère une opinion plus secrète, celle de D.H. Lawrence au Mexique, remarquant que, sur la terre gigantesque, dévastée et métissée par la conquête, «il n'y a pas de points fixes dans la vie, hormis la naissance et la mort, et les fiestas». Cette vision d'un temps subi, et non pas maîtrisé, n'est pas celle des cités de la fin du XXe siècle. C'est pour cela que la mort d'Escobar ne montre en rien que le crime ne paie pas — nous savons tous qu'il rapporte au contraire les agios les plus sûrs, pourvu qu'on sauve les apparences ; non, sa mort, logique, relève de l'échec promis à ceux qui oublient que seul le temps bâtit pour de bon.

Escobar et ses pairs ne croyaient qu'à son contraire : à l'espace. Même au temps de son opulence, lorsque la revue américaine *Forbes*, lui supposant un patrimoine de 3 milliards de dollars, l'inscrivait à la quatorzième place du classement des hommes les plus riches du monde, Escobar est resté un «paisa», pour qui le luxe se ramène à une finca, aux refrains de la musique « ranchera », à une «bandeja» (plat de haricots, manioc, bananes frites et porc) consommée parmi les siens. Son argent, il l'a dépensé pour du foncier, des animaux, des serviteurs, des voitures, tout ce dont jouit l'oligarchie d'un pays à la terre prodigue.

Sa propriété favorite, l' Hacienda Nápoles (Naples), à 150 kilomètres à l'est de Medellín, démontrait ce statut de paysan parvenu. Un seul regard ne pouvait embrasser le territoire de 2 900 hectares taillé dans les collines pommelées de la vallée moyenne du fleuve Magdalena. Ciel ouvert, infini. Beaucoup d'arbres, des pâturages, des orangeraies, des vergers, quelques lacs artificiels, des arènes, des écuries pour des chevaux d'une noblesse à couper le souffle, le tout desservi par des dizaines de kilomètres de routes privées, un embarcadère privé, un héliport et un aéroport avec une piste de 3 000 mètres. La résidence proprement dite avait moins d'ampleur, même si une centaine d'invités pouvaient profiter de six piscines, de terrains de tennis et de volley-ball, de bars et d'une discothèque.

Le clou était un zoo d'un demi-millier d'animaux pour la plupart en liberté: chameaux, bisons, girafes, hippopotames, kangourous, zèbres, antilopes, éléphants... Il y avait même quelques dinosaures de ciment armé. Peints en rouge ou bleu, ils semblaient prêts à combattre.

Le public, qui jouissait de l'entrée libre — et il y avait parfois des milliers de visiteurs —, regardait plutôt une autre statue: une vieille conduite intérieure criblée d'impacts de balles. On la disait importée de Chicago et, suivant les versions, soit Dillinger, soit Bonnie et Clyde y avaient trouvé la mort. Autour de l' Hacienda Nápoles, les impeccables élevages des *«coqueros»* (trafiquants de cocaïne) et capos (responsables de la mafia) témoignaient d'une volonté identique de se camper en fermiers modèles, mais rien ne disait mieux que cette voiture ce que leur désir avait de paradoxal. Exhibée avec ses tôles oxydées sous un abri de palmes séchées, sans vitres ni pare-brise, elle était une chose hors de tout contexte, un artefact célébrant le banditisme urbain au cœur d'une explosion de la nature.

En quittant la route Bogotá-Medellín pour pénétrer dans la propriété, invités d'Escobar et visiteurs du zoo empruntaient la même entrée, sous un portique en ciment où était fixé un avion monomoteur. La rumeur voulait qu'il ait transporté le premier chargement de cocaïne exporté par le maître des lieux. Il me semblait bien trop petit, trop frêle pour avoir volé jusqu'aux Etats-Unis, et je ne l'ai jamais vu sans lui prêter une tout autre mission, celle de dire à ceux qui passaient: «Tenez bon, nous finissons par décoller, nous aussi.» Cette vallée du Magdalena, avec son fleuve digne du Mississippi, crues, bancs de sable et bateaux à roues compris, abrite une contrebande séculaire. Sur l'eau, sur les sentiers, on a filouté dès les premiers temps de la colonie pour envoyer aux Antilles or, émeraudes et tabac, que les Anglais attendaient afin de les acheminer vers l'Occident. Escobar a usé, avec la cocaïne, des mêmes itinéraires séculaires, mais sans mules ni canots puisque, son petit avion sur le portique l'annonçait à tous, la modernité est aussi promise aux paisas.

Au XVIIIe siècle, Francisco Silvestre, un fonctionnaire de la couronne espagnole, tenait les habitants d'Antioquia pour des «gens de talent, économes et perturbateurs de la paix». Le portrait vaut toujours pour décrire la brutalité et les ambitions d'Escobar entrant dans la carrière. Quand on l'inculpe, en septembre 1974, pour le vol d'une voiture Renault R4, dont les deux témoins sont aussitôt assassinés, il a déjà dérobé des ornements funéraires et tiré des coups de feu pour le compte de malfrats plus âgés. L'un d'eux, contrebandier de matériel hi-fi acheminé du Panamá, lui a montré les accès discrets au port fluvial de Puerto Berrío, sur le Magdalena, et à l'aéroport de Medellín.

Escobar a-t-il participé à l'enlèvement, en 1971, d'un industriel, Diego Echevarría Misas?

Nul n'a su le prouver, mais plusieurs personnes impliquées dans ce crime deviennent ses collaborateurs, et lui-même restera surnommé «Docteur Echevarría» par la vieille pègre de Medellín, celle qui n'a pas attendu la cocaïne pour faire des affaires. La légende veut qu'il ait utilisé sa part de la rançon pour financer son premier envoi de cocaïne vers les Etats-Unis. Episode apocryphe, à coup sûr: l'otage est mort sans que sa famille verse un peso. Mais Escobar a dû découvrir peu après les gains procurés par l'exportation de la cocaïne, une activité qu'il étend en s'essayant aussi à l'acheminement à partir des zones de production. En septembre 1976, il est poursuivi après la découverte, par deux détectives vite assassinés, de 39 kilos de cocaïne dans la roue de secours d'un camion venu d'Equateur. La quantité est minime mais l'ambition mesure déjà cinq à six mille kilomètres. Escobar s'impose de régner d'un bout à l'autre du trafic, depuis les plantations de coca du bassin amazonien jusqu'aux caches de cocaïne des importateurs de Miami. Parcours intenable, où l'on est certain de se perdre: pour aller du cœur sauvage de l'Amérique latine jusqu'à sa capitale la plus jeune, on parcourt plus d'histoire que de géographie.

Combien sont-ils en ce moment, dispersés dans la traversée des siècles récents? Voyageurs du métro de Mexico, si nombreux et si impétueux que dans certains couloirs, des allées sont réservées aux femmes et enfants qui sans cela pourraient être emportés par le flot. Indigènes du Guatemala aux costumes rehaussés de broderies, portefaix cassés et marchant sur ces routes où les camions, disposés à les écraser, affichent «Jésus t'aime» sur leur pare-brise. Paysans d'Equateur ou de Bolivie si saouls qu'au retour des *cantinas* ils dorment sur leurs mules qui, d'un frémissement d'oreilles, en passant à votre hauteur, vous prennent à témoin de la scandaleuse absence de salut de leur cavalier. Adolescents des banlieues lunaires de Lima habitant des bidonvilles couleur de boue sèche dans un paysage couleur de boue sèche et qui, lorsqu'ils quittent la position accroupie où ils attendent dans des vêtements souillés de la même poussière, semblent être des fragments de terre en marche vers l'autobus pour la capitale. Hommes descendus des Misiones, arrêtés au bord de l'immense Río de la Plata, où se devine la lueur de Buenos Aires, et dont l'attitude sereine et pourtant attentive dévoile que la terre où ils vivent est plus vaste et plus vide qu'un bras d'eau grand comme la mer.

J'ai le souvenir d'avoir été éveillé dans mon hamac, une nuit, en Colombie, par une très jeune fille. Découvrir son visage, contour opaque sur la rougeur des braises, provoqua ma terreur. Son père, colon très pauvre, isolé avec son épouse et six enfants au plus haut d'une sierra, m'avait reçu avec une escopette avant d'offrir couvert et gîte en découvrant que je n'étais qu'un marcheur trempé par l'averse, surpris par la nuit et qui faisait hurler ses chiens. Empoignerait-il à nouveau son arme en voyant sa fille aînée près de moi ? Heureusement, elle fut très vive. Elle effleura mon oreille de ses lèvres, de peur d'être entendue de sa famille qui dormait, sous le même toit, derrière une cloison de branches liées.

« Tu vas revenir ? demanda-t-elle.

— Pourquoi ?

— Quand tu reviens, amène des souliers en cuir pour que je puisse aller à la ville. »

C'est de ce point de vue — celui des souliers à enfiler pour cheminer vers la grande cité — qu'il faut visiter la « Cathédrale » après la fuite de son prisonnier. Parmi les conditions posées pour se livrer aux autorités, Escobar avait demandé le choix de son lieu de détention et son aménagement. La « Cathédrale » est donc censée exprimer la quintessence de celui qui l'habitait à la façon dont Versailles et son parc font le portrait de Louis XIV. Côté jardin : un potager, une plantation de marijuana (pour El Patrón et ses gardes du corps), un terrain de football bien drainé. Côté château : jacuzzi, systèmes de projection vidéo, bar, gymnase, lit hollywoodien. Atmosphère de bois chaud d'un chalet avec vue plongeante sur la vallée. Sur les murs: des dessins d'humoristes américains figurant Escobar. Dans la vidéothèque: Steve McQueen, Burt Reynolds, Chuck Norris et tous les épisodes du Parrain. Enfin, il y a le réseau de communication: onze lignes téléphoniques, plusieurs téléphones cellulaires, trois radiotéléphones par satellite, neuf beepers et des pigeons voyageurs chargés, non pas de papiers, mais de puces électroniques.

Lorsque la presse internationale s'indigne de ce décor pour cadre californien, elle omet de saisir qu'il n'y a là, hors les téléphones, aucun objet véritable, seulement des icônes censées assurer qu'on se trouve bien sur le chemin menant vers le monde moderne. J'ai compris cela, un jour, en cédant la place à un convoi, sur un petit chemin près de Leticia, dans cette région où se touchent Colombie, Pérou et Brésil. C'était un brancard tiré par une mule. Il emmenait un congélateur au plus profond d'une zone sans électricité. Son propriétaire voulait moins le froid qu'acquérir un geste neuf — ouvrir et fermer une porte garnie de caoutchouc — qu'il avait observé dans un bordel sur le fleuve Iça.

Je me souviens aussi de Mexicains en mal de statut qui, lorsque les téléphones portables sont apparus, promenaient des copies, des coquilles de plastique vides nanties de touches et d'une petite antenne, achetées pour quelques centaines de pesos. L'un d'entre eux, à qui je faisais remarquer que son engin ne risquait pas de sonner, m'avait donné une réponse valable sur tout son continent :

« C'est parce que personne n'appelle, jamais. »

Escobar, lui, recevait des appels dans sa prison mais son vrai privilège tenait à autre chose, au fait d'être détenu sans pourtant cesser de vivre dans son monde. Un monde tout droit venu des temps de la conquête du Royaume de la Nouvelle-Grenade par la très catholique Espagne, un monde où chacun tient sa place dans une hiérarchie incluant Dieu, le cacique, les riches, les pauvres, la famille. Escobar avait été incarcéré en compagnie de quatorze complices qui s'étaient rendus comme lui aux autorités. Il avait exigé, compte tenu des risques d'attentats contre sa personne, de pouvoir influer de façon décisive sur le choix de la moitié des quarante gardiens — l'autre moitié étant désignée par les autorités pénitentiaires. Il s'agit là, plus que de la sécurité physique d'un détenu, de sa propre assurance, de la sérénité tirée de se savoir parmi ses paisas, avec les visites de son épouse, Victoria, et de ses deux enfants, avec des bougies devant un petit autel, un tableau de la Vierge de la Merced près de son lit et, proche et inaccessible, une fabuleuse métropole à ses pieds.

Medellín ignore la modestie. Deuxième ville de Colombie, avec plus de deux millions d'habitants (banlieues comprises), elle se présente tour à tour comme «Cité des fleurs», «Ville lumière de Colombie», «Capitale mondiale du tango», «Ville de l'éternel printemps», sans oublier sa dénomination originale «Villa de Nuestra Señora de la Candelaria de Medellín». Insolente d'opulence, avec le plus haut immeuble du pays, la plus riche zone industrielle de l'Amérique espagnole, le chantier du premier métro qui fonctionnera dans le pays, avec aussi des fêtes vouées aux taureaux et aux orchidées, elle ne se résume ni dans une idée, ni dans des hommes, mais dans une ambition à découvert.

La ville est bâtie comme San-José, au Costa Rica, autour d'une légère éminence posée au fond d'un bol posé sur des montagnes. La ressemblance s'arrête là. San José reste un délicieux miracle cerné de verdure, alors que Medellín contemplée depuis cette petite colline, le mont Nutibara, effraie et fascine avec, sur les parois du bol, la galopade de près de trois cents quartiers. Les plus pauvres s'agrippent comme ils peuvent aux endroits pentus. Malgré la distance — jusqu'à huit ou neuf kilomètres à vol d'oiseau — on voit que ce sont des bidonvilles à leur couleur dominante, celle de la terre nue. Parfois, une cicatrice révèle un récent glissement de terrain. Les quartiers riches montrent des murs peints dans la verdure. Le dessin de leurs rues semble plus régulier. Certains tracés, en arcs de cercle concentriques, sont signés de Le Corbusier ; d'autres prolongent de vieilles artères au mépris de la topographie et se transforment en fleuves avec la pluie. Tout en bas, ce monstrueux patchwork, souvent brouillé par les brumes de chaleur, cède les rives du fleuve Medellín à une zone industrielle. Les usines, les entrepôts s'étirent sur une dizaine de kilomètres et passent pourtant inaperçus en regard des buildings modernes, énormes menhirs taillés à angle droit et fichés près du cœur de la ville, tel un échantillon new-yorkais présenté dans le menu fouillis de toits de tôle et de tuiles roses.

A défaut d'en mettre «plein la vue», ce panorama énorme a l'effet d'un coup de poing sur le plexus. Il proclame le choc de deux cultures: l'une industrieuse, établie, faite de techniques, de biens accumulés ; l'autre pauvre, violente, tenue en marge, chaotique. Toutes les grosses cités d'Amérique latine semblent ainsi jetées sur terre avec un air de catastrophe, une façon triste de se diluer dans des ceintures de misère. «Nos villes n'ont pas de style», déplorait au début des années soixante Alejo Carpentier dans un fameux article sur le roman latino-américain. Ou plutôt, corrigeait-il aussitôt, elles ont «le style des choses qui n'ont pas de style». Critique injuste: ces villes ont tous les styles. Des baraques de banlieue aux buildings de verre, des églises coloniales aux centres commerciaux, elles additionnent des fragments si irréconciliables d'Ibérie et d'Amérique, elles mélangent de façon si confuse plusieurs siècles d'Histoire que faute de pouvoir y lire les strates d'époques différentes, on voit seulement des degrés divers de la fortune, depuis le dénuement jusqu'à l'opulence.

Les petites maisons colorées du vieux quartier Manrique, témoignage de Medellín du temps où elle était un bourg andin, ne trahissent rien du passé. Pas plus que les villas d'El Prado, rêve pour une bourgeoisie européenne des années vingt, ou que les pelouses impeccables et les immeubles pseudo-hollywoodiens dotés de piscine à chaque étage construits à Envigado avec les bénéfices de la cocaïne, ou encore que la Casa Gardeliana, à la fois église, musée, night-club voué à célébrer Carlos Gardel, le maître du tango, décédé sur le vieil aéroport, en 1935, lors d'un télescopage d'avions. Autre temps et autres rythmes. Le terminal du nouvel aéroport, sur le plateau, en arrière de la vallée, offre des sièges de cuir pleine peau, des murs recouverts de bois. Medellín, tel le petit avion d'Escobar, veut proclamer qu'elle décolle. La ville, qui se surnomme aussi la «Manchester des Andes», monte des voitures, met en boîte des boissons au cola et habille une bonne part du pays. La production de la cocaïne procède d'une vitalité semblable.

Rien ne prédisposait Medellín à avoir la main mise sur la poudre blanche. Rien, si ce n'est l'esprit d'entreprise qui a fait de la ville le moteur de l'économie colombienne, comme les Etats de Nuevo Leon et Sao Paulo pour le Mexique et le Brésil. Un paisa, en Colombie, désigne aussi bien un habitant d'Antioquia qu'un homme prêt au risque économique. Ce n'est pas simple de rassembler la pâte de coca venue du Pérou ou de Bolivie avec l'éther et l'acétone achetés aux Etats-unis ou en Allemagne, et de traiter le tout dans un laboratoire en pleine jungle avec séchoirs à infra-rouge et conditionnement semi-automatisé. Medellín a produit de la cocaïne comme elle a fait le reste de sa fortune ; avec quelques cierges à la Vierge du Recours et la détermination d'entrepreneurs épaulés par leurs familles et devenus sous-traitants d'une poignée de capitaines d'industrie.

Il y a là Escobar, bien sûr, qu'on appelle «le Parrain» ; Jorge-Luis Ochoa Vasquez, dit «le Gros», qui ne l'est pas tant; José Gonzalo Rodríguez Gacha, surnommé «le Mexicain» en raison de son goût pour la culture des mariachis; et Carlos Ledher, alias «Joe Ledher» parce qu'il a appris l'anglais dans une prison des Etats-Unis. Ces hommes n'ont jamais organisé un «cartel» prétendant fixer le prix de la cocaïne. Les Colombiens parlaient d'ailleurs de «mafia» ou d'*« ellos »* (eux) pour désigner le réseau de familles et de clans de «paisas», où alliances et contrats se remaniaient au gré des opérations: production, transport, escorte, règlements de comptes, transferts de fonds. Une seule «assemblée générale» visant à coordonner le négoce a été tenue, au temps de la croissance sans entrave, le 18 avril 1981, à l' Hacienda Veracruz, un ranch d'Ochoa, près de Barranquilla, sur la côte caraïbe. Escobar s'est contenté de s'y faire représenter. Les grands axes du travail étaient déjà répartis: à Ochoa, aidé de deux frères, la distribution depuis Miami; Rodríguez Gacha diversifie les circuits, ajoutant Bogotá au départ et la Californie à l'arrivée de la cocaïne; Ledher, enrichi par l'usage d'une île servant d'escale aux Bahamas, se tourne vers la transformation de la pâte de coca en cocaïne dans la forêt amazonienne. Escobar, lui, règne sur le transport et fait les gros investissements. Il possède sa flotte aérienne, ses laboratoires, son réseau d'informateurs. Cette puissance, autant que son autorité naturelle, font de lui «le Parrain» même s'il ne possède pas la sagesse d'un patriarche.

Sa plus grande erreur ne fut pas, comme on l'a si souvent répété, son élection en tant que membre suppléant du congrès en 1982, sur une liste de la Rénovation libérale. Certes, cela le plaçait sous une lumière crue, mais il s'en arrangea plus d'une année. En revanche, il ne pouvait raccommoder, comme il l'a tenté, les morceaux d'une société éclatée. Réconcilier la culture nantie et industrieuse de la bourgeoisie, et celle de la pauvre violence, c'est tout juste un rêve propre à épuiser celui qui veut le vivre. Impossible d'être à la fois un élu, avec ce que cela suppose d'influence sur l'argent public, et un « Robin des bois paisa », le héros des taudis de Medellín, qui finance avec l'argent du crime des logements sociaux, l'éclairage des stades et les œuvres de l'église. « Don Pablo » devait choisir : soit bienfaiteur des pauvres, soit *« coming man »* du monde des affaires.

Rafael Caro Quintero, le trafiquant de drogue mexicain célébré dans des chansons et des films, s'est contenté de régner sur l'imagination des jeunes et des chômeurs des Etats de Sinaloa ou de Sonora avant son arrestation en 1985. Ses dons aux églises, aux écoles, l'adduction d'eau d'un village ou un raccordement électrique ont fait de lui le « Roi de la sierra » dont parle une rengaine. Mais parmi les «gens décents», comme disent les Colombiens, il s'en est tenu à des amours illustres avec une « *deb* » d'une bonne famille de Guadalajara. Escobar, lui, a souffert l'humiliation d'une interminable et vaine demande d'adhésion au Club Campestre, haut-lieu des jeunes fortunes de Medellín. Il a même obligé en vain les employés à faire grève pendant trois mois. Sa candidature a été malgré tout écartée, car rédigée «dans un mauvais espagnol». Il n'a pas osé renouveler l'opération au Club Union, 1 100 personnes, l'aristocratie de la ville, où les candidats, hors les descendants directs des membres, ne sont acceptés qu'à l'unanimité.

La vie politique, autre club aux règles secrètes mais réelles, a su aussi l'écarter. Révélations de la presse sur son passé, mise en cause par le ministre de la Justice, éloignement progressif de ses collègues de parti : le 20 janvier 1984, « Don Pablo » choisit de n'appartenir qu'à un seul des deux mondes où il tentait de vivre. «L'attitude des hommes politiques, déplore-t-il dans la lettre annonçant son retrait, est très éloignée des opinions et des aspirations du peuple.»

Le recul aidant, on voit pourtant que le moment clef dans la saga de ce qu'on a appelé le «cartel de Medellín» reste le raid, le 10 mars 1984, de la police antidrogue à Tranquilandia, le plus vaste complexe de production de cocaïne jamais découvert: 14 laboratoires, d'une capacité de 50 tonnes par an, groupés dans la forêt amazonienne. Sa localisation, grâce à un émetteur dissimulé par des services américains dans un baril d'éther et dont le signal est capté par un satellite, montre qu'il n'y a plus de refuge sauvage, même dans l'est du département du Caquetá qui, depuis un avion, n'est qu'un constant tapis d'arbres. Une telle révélation n'a pu que frapper des hommes habités par l'idée qu'il reste possible de se perdre dans un continent encore vide et d'y défricher de nouvelles terres. Ils se sont sentis chassés de leur paradis alors qu'ils n'étaient pas non plus devenus les maîtres de Medellín ou de Miami. En représailles, Escobar a ordonné l'assassinat de Rodrigo Lara Bonilla, ministre de la Justice, tué le 30 avril par *«Los Quesitos»* (les petits fromages), des tueurs de Medellín payés un demi-million de dollars. Dès le lendemain, l'état de siège était proclamé dans le pays; cette mort marque le début de la guerre entre l'Etat et le cartel, terminée par la rafale de mitraillette tuant Escobar.

Presque dix années de guerre, cela peut paraître énorme mais, à ses débuts, elle paraissait moins cruelle que «la guerre verte» livrée autour des mines d'émeraudes du département de Boyacá, les plus productives du monde, afin de voler les pierres et de les exporter en fraude. Lorsque Humberto Ariza, alias «le bêta Ariza», patron de ce négoce, fut criblé de balles en octobre 1985, on lui imputait huit cents meurtres commis par lui-même ou sous ses ordres. Il n'était qu'une brute avec une gâchette et une filière pour écouler ses pierres. A ses débuts, Escobar était plutôt comparé à Efraín Gonzalez, autre trafiquant d'émeraudes, bon chrétien, toujours prêt à régler amicalement un différend et à aider les pauvres. Il n'avait qu'une grosse centaine de morts à son actif lorsque deux bataillons de l'armée mirent fin à ses jours en 1965. «Ici, deux vaillants bataillons luttèrent contre un lâche qui se défendait seul avec une escopette», disait la plaque que ses fidèles tentèrent de placer sur le lieu de son décès.

En fait, prisonnier de sa tentative de marier deux cultures, Escobar dut user à la fois du pot-de-vin comme un homme d'affaires pressé et des armes comme un trafiquant d'émeraudes. Son ambition sociale lui soufflait de recourir au pouvoir corrupteur de l'argent, alors que sa base sociale ne croyait qu'aux vertus de la peur. De là, cette alternative contradictoire *«plomo o plata»* (plomb ou argent — à chacun de décider ce qu'il veut prendre) qu'il opposa aux policiers, aux juges et à tous ceux qui s'interposaient sur sa route.

Lui-même n'a pu choisir. La violence politique décide pour lui lorsque le mouvement de guérilla M-19 enlève, en novembre 1981, Marta Nieves Ochoa Vasquez, la sœur de Jorge Ochoa, afin d'obtenir une rançon de 15 millions de dollars. C'est le sixième enlèvement consécutif dans le milieu de la drogue. Pour défendre biens et familles, 322 trafiquants mettent en commun armes, hommes et argent, et constituent un système d'autodéfense, le MAS (*Muerte A Secuestradores* — Mort aux ravisseurs). Rapts, meurtres, remises de guérilleros aux autorités découragent toute autre attaque contre un milieu qui, s'il n'a jamais mis sur pied un cartel, a dû, par nécessité, fonctionner durant plusieurs mois à la manière d'une mafia.

Escobar était prêt. Il avait créé sa première école de *sicarios* (de tueurs), dès 1979, à Sabaneta, près de Medellín, contribuant à diffuser l'outil le plus courant du crime : le couple d'un assassin et d'un pilote juchés sur une moto tout terrain. Ses tueurs, rarement âgés de plus de vingt ans, sortis de quartiers de haute insécurité comme La Paz, Tejelo, La Estrella, Moravia, Aranjuez, Antioquia, Fidel Castro, Fatima, ont formé des bandes aux noms amusants : Los Magnificos, Los Nachos, Los Pistoleros, Los Priscos. Les écouter, même au temps de l'opulence du cartel, était décourageant : le mélange de leur jeunesse, leur misère, leur inconscience les laissait sans attente aucune. Ils savaient leur existence vouée à la pauvreté, même si le crime l'avait changée. D'un déjeuner avec trois d'entre eux au Kevin's, un restaurant-discothèque posé à flanc de vallée, au-dessus d'Envigado, j'ai gardé intacte la sensation de leur gêne: ces gosses capables de tuer se sentaient mal à l'aise devant le maître d'hôtel d'un endroit au luxe inaccoutumé. Même les chaînes de télévision reçues par une énorme antenne parabolique ne pouvaient les retenir. Ils ne cessaient de sortir sur la terrasse où nous avons fini par nous retrouver, tous, contemplant en silence la métropole grise et mauve. Devant le royaume qu'ils savaient bien ne jamais pouvoir conquérir, ces tueurs sans remords confiaient peu à peu leurs peines: un banal malheur d'adolescents de familles sans ressources. Taudis, boulots à la paye famélique, parents absents, etc. Tout en bas, la rivière roulait une eau beige. Jamais Medellín ne m'a paru plus inaccessible que ce jour-là.

Les Basques, les Andalous, les Juifs convertis qui ont fondé la ville sont restés près d'un siècle isolés dans leurs montagnes. C'est la production d'or — il y eut une époque où chaque famille possédait sa mine — qui a ouvert le département sur l'extérieur. Le café a suivi. La cocaïne est le troisième produit excitant exporté d'Antioquia vers le reste du monde. Elle vaut plus cher que l'or, elle affecte le système nerveux de façon plus aiguë que le café. C'est une denrée médicale riche; comme telle, à la différence de l'or et du café, elle a trouvé l'essentiel de ses acheteurs dans le pays le plus riche du monde. Le destin d'Escobar devait passer par les Etats-Unis.

III

MADE IN USA

Sur les photos, il porte un polo rayé à manches courtes. Il semble mince, en forme. Il a discipliné ses cheveux avec une raie à gauche. Il prête la main au chargement de paquets de 25 kilos à bord d'un avion C-123-K sur l'aéroport militaire de Los Brasiles au Nicaragua. Barry Seal, le pilote, a pris clandestinement les clichés pour le compte de la CIA, grâce à un déclencheur à distance. Malgré la sous-exposition et la pauvreté du plan unique — un morceau de tarmac encadré par la porte de l'appareil — on perçoit une atmosphère d'affairement où Escobar prend sa part.

Il y a une tonne et demie de cocaïne à placer dans l'appareil en cette soirée du 25 juin 1984 où s'inaugure une nouvelle escale sur la route du trafic vers les Etats-Unis: le Nicaragua sandiniste. Federico Vaughan, un aide du ministre de l'Intérieur Tomás Borge, est présent. C'est lui le plus reconnaissable sur ces images qui constituent, à ce jour, le seul témoignage iconographique sur Pablo Escobar «au travail». Mais il s'agit d'une vérité fugace: cette escale ne sera jamais plus utilisée, Vaughan va disparaître sur-le-champ, Seal sera assassiné. Seules restent ces photos qui circulent entre les agences fédérales, la Maison Blanche et la presse des Etats-Unis afin d'alimenter la propagande contre le régime de Managua.

On confond pourtant la routine et un essai sans suite. Escobar est bien plus que ce partenaire commercial des Sandinistes décrit, un mois plus tard, dans l'acte de sa première inculpation aux Etats-Unis. Même *The New York Times* se trompe alors, à deux reprises, en lui prêtant la nationalité nicaraguayenne, puis en le reléguant au neuvième paragraphe d'un article sur les liens du régime sandiniste avec les trafiquants colombiens de cocaïne. Le ton est donné: dénonciation à tout prix, primat du politique sur la justice, incompétence, ignorance de l'influence réelle des trafiquants colombiens.

Au moment de cette inculpation, Escobar est exilé au Panamá, avec ses principaux partenaires, en raison de l'indignation provoquée par le meurtre du ministre de la Justice Lara Bonilla. Il négocie au nom de tous une amnistie baptisée

« rencontre avec le pays, avec le gouvernement ». Il a reçu un ex-président de la République colombienne, Alfonso López Michelsen, puis le procureur général de la Nation, Carlos Jiménez Gómez. Les deux hommes ont écouté un mensonger serment d'innocence à l'endroit de l'assassinat de Lara Bonilla. Ils n'ont rien promis, mais ils ont transmis à la présidence de la République une offre de paix assortie d'un abandon du trafic, lorsque l'ambassadeur des Etats-Unis à Bogotá remet au gouvernement colombien, le 26 juillet 1984, une demande d'arrestation aux fins d'extradition de «Pablo Escobar Gaviria, haut de cinq pieds et six pouces, avec des cheveux noirs et des yeux caramel...»

Pablo Escobar ne sera jamais maître de son destin car il est une figure publique « 100 % made in USA ». Sa fortune, il la doit aux consommateurs américains de cocaïne; sa puissance, aux banquiers et aux entrepreneurs en affaire avec lui; sa notoriété, aux journalistes, procureurs, agents fédéraux et politiciens qui le dénoncent — tous tissent autour de lui une trame d'intérêts qui le débordent. S'il lutte de manière obsessionnelle, criminelle afin de ne pas être extradé vers les Etats-Unis, c'est que ce pays représente à la fois ce qui le nourrit et le limite. En cela, sa trajectoire illustre le double sentiment hispano-américain de fascination et d'impuissance face au pouvoir de Washington. Le seul pays à même de défaire «El Patrón» est, en toute logique, celui qui a fait sa puissance.

La cocaïne tombe à point, aux Etats-Unis, à la fin des années soixante-dix. Avec ses passagers effets toniques, elle est le paradigme de la drogue en une époque assez soucieuse d'énergie professionnelle, de succès social et d'enrichissement personnel pour produire l'image du yuppie, le jeune cadre acharné à monter en milieu urbain. Il y a là un marché à saisir, d'autant que le général Augusto Pinochet a annihilé les laboratoires de cocaïne du nord du Chili dès son accession au pouvoir en 1973. En Colombie même, de nombreux trafiquants sont disponibles, car ils perdent, au profit de la Californie, le commerce de la marijuana, très en vogue lorsque régnait un modèle de comportement hédoniste et jouisseur.

Autres temps, autre drogue: Escobar émerge à la faveur d'un changement du marché américain. Il n'est pas seul à vouloir en profiter. Trois bandes de trafiquants le devancent: celle de Veronica Rivera de Vargas, la «Reine de la coca», opérant depuis Bogotá; le clan de Benjamin Herrera Zuleta, le «pape noir», basé à Cali; et surtout le réseau d'Alfredo Gómez López, surnommé «le Parrain», à Medellín. De quel avantage dispose Escobar pour être «parrain» à la place du «Parrain»? De sa foi dans la violence, mais plus encore du choix de ses cibles. Il déstabilise son rival puis le pousse à la retraite en 1977 en visant ses réseaux de recyclage des dollars. Il terrorise les responsables des comptes en devises des maisons de change de Medellín où le taux d'assassinat grimpe de façon exponentielle. De même, un meurtre élimine la responsable des recettes du «Parrain» Gómez López, aux Etats-Unis.

« Je ne suis pas le dollar, mais je monte et je descends», affirment les autocars des routes pentues d'Antioquia. Quand vous êtes bloqué derrière un volant, sans pouvoir, virage après virage, dépasser cette formule peinte à l'arrière d'un engin bariolé, elle a franchement de quoi exaspérer. Il faut pourtant la retenir: Escobar devance ses rivaux pour avoir compris qu'une ascension, en Colombie comme dans le reste des Amériques, dépend du dollar. Son négoce tient plus à la collecte de billets verts qu'à la production de poudre blanche. Ce qu'on appela «la guerre de la cocaïne» a d'ailleurs lieu à Miami dans les années 1979-1981. Il y a tant d'assassinats que, face à l'excès de cadavres, la morgue municipale loue parfois un camion frigorifique. Cette guerre pour dominer la distribution de la cocaïne sur le plus grand marché du monde est gagnée par les paisas sans que l'on sache le détail de leurs batailles et l'identité des rivaux colombiens et cubains qu'ils défont. Méconnaissance significative: l'histoire d'Escobar, qui est pour l'essentiel celle de ses démêlés avec ses adversaires, est presque muette sur Miami. Il n'y possède que des complices — au pis, des concurrents.

« Si tu réussis, envoie de l'argent; si tu échoues, ce n'est pas la peine de revenir», dit un proverbe d'Antioquia destiné aux émigrants. Ceux qui sont partis pour Miami ne font ni l'un ni l'autre, ils lavent leur argent sur place, ils l'investissent; ils font que Miami, cette cité vieille de moins d'un siècle — elle est née en 1895 — prolifère soudain sur ses mangroves et ses marais. «C'est Venise», s'était écrié Al Capone en se découvrant une vocation de doge devant les canaux et la baie de Biscayne qui sépare Miami de Miami Beach. C'est Venise, oui; mais avec des voyous qui craignent plus de se noyer dans leur argent que dans l'eau.

Le feuilleton *Miami Vice* a beaucoup vulgarisé l'existence d'une pègre dans la ville. Il omet de montrer qu'en ce domaine il y a vice et versa: le crime s'épanouit là où n'existe aucun scrupule à accepter l'argent de provenance douteuse. Pour Miami et 26 autres villes formant le comté de Dade, dans le sud de la Floride, c'est une pluie de billets. En 1971, le surplus des dépôts sur les retraits en liquide à la Banque de la Réserve fédérale à Miami atteignait 89 millions; en 1979, il est de 5,5 milliards de dollars — soit davantage que le surplus cumulé de la banque dans tout le reste du pays. Et ce n'est que l'amorce d'un flux monstrueux car les importations de cocaïne ne cessent de grimper. Les saisies dans le comté de Dade en témoignent: 2 500 kilos en 1981, 12 500 en 1984, 25 000 en 1985 — le produit reste pourtant si abondant que son prix chute de 40 % dans la même période.

« Seigneur, cette ville est bâtie sur la cocaïne », lâcha un jour à côté de moi un policier d'une agence fédérale qui méditait à voix haute sur l'architecture en conduisant le long de Brickwell Avenue, une sorte d'avenue Foch dans un bois tropical. On voyait des sièges de banques (surtout les *Edges Act Banks* ne pouvant mener que des opérations à l'étranger), on voyait aussi des immeubles de béton aux couleurs insensées, ondulés comme des vagues, avec un œil-de-bœuf au rez-de-chaussée ou un palmier empoté dans un évidement de l'édifice au septième étage, des immeubles-gadgets d'une audace sortie de nulle part, sans tradition, dressés tels des monuments au pur argent.

Quelques fous de formes s'efforcent de discerner des écoles architecturales à Miami: Tropical Deco, Eclectique Méditerranéen, Dépression Moderne. Il s'agit plutôt du vertige de la fortune instantanée. A travers l'histoire des Etats-Unis, la conquête de l'espace a été le fait des colons, soldats, pionniers, cow-boys, hors-la-loi, esclaves, entrepreneurs... La dernière étape, en Floride du sud, a été celle de l'agent immobilier. Escobar a donné, comme les autres: 762 000 dollars, en 1980, pour une villa à Miami Beach; 8 034 000 dollars, l'année suivante, pour des immeubles de résidence entre une autoroute et un canal, à Plantation.

C'est en voulant ajouter à la saisie de ces deux biens l'extradition de leur propriétaire que les Etats-Unis durcissent le combat d'Escobar en Colombie. Il devient de plus en plus violent contre des institutions dont, paradoxe, il s'inquiète de moins en moins. Une méditation que Randy Newman prête à un criminel dans l'une de ses chansons résume assez bien cela: «Je suis en train de regarder le fleuve, dit-il, mais je pense à la mer.» Voilà tout juste Escobar dans les années 85-86: il nourrit un flux constant de menaces et de meurtres contre les juges colombiens, mais son vrai souci est la justice des Etats-Unis dont il ne peut ni corrompre ni tuer les magistrats.

Un traité bilatéral, signé en 1979, à Washington, autorise l'extradition des trafiquants de drogue entre les deux pays. Il est l'enjeu du combat qu'« El Patrón » enlève en deux rounds: knock-down à la première reprise, puis abandon de l'exécutif colombien dans la seconde. A terme, tout le pays sera mêlé à cet affrontement annoncé par le coup de bélier d'un char de l'armée colombienne dans la porte monumentale du Palais de justice de Bogotá, le 6 novembre 1985. Ce jour-là, la Cour suprême examine un recours contre la constitutionnalité du traité quand des guérilleros du mouvement M-19 prennent d'assaut le bâtiment. Ils disent vouloir juger le gouvernement qui a « trahi l'espoir de la nation ». Œuvrent-ils plutôt pour le compte des trafiquants menacés d'extradition? Certains le croient au vu des circonstances: la protection militaire est levée sans raison à la veille de l'attaque du Palais; le président de la République, Belisario Betancur, refuse de s'entretenir au téléphone avec les juges de la Cour suprême retenus en otages; il rejette a priori toute négociation avec une guérilla qu'il invite d'ordinaire au dialogue; l'armée, char en tête, «nettoie» le Palais avec grenades et obus, sans distinguer entre otages et ravisseurs; et au terme d'un carnage d'une centaine de morts, un incendie réduit en cendres les dossiers sur les trafiquants et les demandes d'extradition formulées par les Etats-Unis.

La Cour suprême, qui appuyait le principe de l'extradition, a perdu onze de ses vingt-quatre juges. Betancur n'osera plus demander aux magistrats qu'il vient de «lâcher» d'approuver le traité. Escobar, qui a suivi l'épisode depuis l'Hacienda Nápoles où il héberge deux dirigeants du M-19 restés à l'écart de l'attaque, est le vainqueur de cette tragédie qu'aucune condamnation, ni mise en cause officielle, ne viendra sanctionner. Les Colombiens gardent de cet épisode le sentiment que le pouvoir exécutif, l'armée, la guérilla ont eu un comportement suspect. Mais ils sont encore plus convaincus que les demandes d'extradition ont pour effet d'étendre la violence. Il faut se remémorer sur ce point l'incroyable ménage à trois mis en place sous l'inspiration des Etats-Unis, fin 1986.

D'abord, il y a le cartel, ainsi dénommé. L'expression a été utilisée pour la première fois dans le compte rendu d'une saisie de 1 254 livres de cocaïne effectuée le 11 juillet 1982, près de Cleveland. Le chargement « était lié au cartel trafiquant à Medellín... », dit un document interne de la Drug Enforcement Administration (DEA, administration américaine de lutte contre la drogue). Le concept a désormais valeur judiciaire: la première, la seule inculpation du cartel de Medellín, en tant qu'organisation, a été prononcée le 18 novembre 1986 par les services du procureur de Floride du sud, à Miami, en vertu du Racketeer-Influenced Corrupt Organizations Act, une loi visant les crimes mafieux. « Depuis au moins 1978 [...], affirme l'acte d'inculpation, a existé une entreprise internationale de stupéfiants basée à Medellín, Colombie, Amérique du Sud [...] formée des membres contrôlant les principales organisations internationales de fabrication et de distribution de la cocaïne [...] » Voilà pour le cartel.

Ensuite, il y a l'exécutif colombien. Il est dirigé par le nouveau président, Virgilio Barco. On lui reproche sa maîtrise de l'anglais, un diplôme du Massachusetts Institute of Technology, une épouse américaine, des années de résidence à Washington comme patron de la Banque Mondiale. Pour tout arranger, c'est lui qui, en tant qu'ambassadeur de Colombie, a paraphé le fameux traité d'extradition. Il s'épuise à vouloir le mettre en œuvre jusqu'à ce que, le 12 décembre 1986, la Cour suprême déclare le texte inconstitutionnel, car sa promulgation a été signée lors de l'intérim d'un président en voyage. Deux jours plus tard, Barco signe à nouveau le document, mais dix-neuf autres recours pour inconstitutionnalité sont aussitôt formulés par des avocats et parlementaires financés par le cartel.

Il ne s'agit pas là d'un point de droit théorique car, enfin, il y a les Etats-Unis et leurs 113 demandes d'extradition de trafiquants déposées à la fin du mois de décembre. La présence de Washington interdit l'existence d'un simple face à face entre Medellín et Bogotá.

L'action d'Escobar découle de ce panorama. Quelques jours avant l'arrivée du président Barco au pouvoir, en mai 1986, « El Patrón » a invité des trafiquants menacés d'extradition à signer une proclamation nationaliste: «Nous ne comprenons pas comment la Colombie, étant un pays souverain, démocratique et indépendant, a besoin de recourir à des lois étrangères et étranges pour juger ses fils...». Avec le même sens très sûr du tempo, c'est à quelques jours de l'inculpation du cartel aux Etats-Unis qu'Escobar annonce la mutation : les trafiquants se nomment désormais «les Extradables». Leur premier communiqué, le 6 novembre, en appelle à l'église, aux juges et au peuple contre l'extradition. S'ils ont gain de cause, il y aura «suspension immédiate des actions militaires contre les extraditeurs». Ces actions sont pour l'heure l'assassinat de vieux adversaires : l'ex-patron de la police antidrogue, qui a démonté les laboratoires de Tranquilandia, et Guillermo Cano, directeur de *El Espectador*, le plus vieux quotidien du pays. Le meurtre manqué d'un ex-ministre de la Justice impressionne encore plus : il est blessé à Budapest où il a été nommé ambassadeur, preuve que «les Extradables» peuvent frapper partout. Deux magistrats qui ont révisé le traité avant la signature sont aussi abattus. L'un d'entre eux, Luis Enrique Aldana Rozo, est victime d'une crise cardiaque en trouvant dans son courrier l'image d'un cercueil légendée «C'est pour vous». Opéré dans un hôpital du Texas, il meurt en salle de réanimation: une main anonyme sectionne son tuyau d'oxygène.

Malgré l'octroi de gardes du corps et de voitures blindées, les juges de la Cour suprême écartent le traité pour de bon (par 13 voix contre 12) au début de l'été 1987. «El Patrón» a créé un climat propre à imposer ses vues, mais son acharnement à fuir la justice américaine dépasse désormais la volonté d'éviter le sort des rares extradés, vite condamnés à de lourdes peines. C'est devenu une folie, le symptôme d'une angoisse, d'une peur révélatrice de l'inconfort des Latino-Américains à la simple idée de se trouver dans ce que le Cubain José Martí, réfugié à New York, appelait «les entrailles du monstre».

Est-ce en raison d'une particulière xénophobie à l'endroit des *«Hispanics»* ? de la proximité géographique de leur patrie d'origine ? de la qualité d'exilé qui leur est plus volontiers attribuée que celle d'immigrant ? les Latinos demeurent à part aux Etats-Unis. On a souvent évoqué la photo d'Escobar et de son fils devant la Maison Blanche à Washington — elle a été faite en 1982 — afin d'ironiser : cet homme qui pose avec un respect évident, presque au garde-à-vous, devine-t-il qu'il retournera sa veste, fuyant ce pouvoir avec lequel il voulait être photographié ? C'est oublier qu'aucun Latino n'ignore le handicap dont il souffre aux Etats-Unis. Chaque jour, il voit, il lit, il entend qu'on attend des *Hispanics* un apport culturel — musique, cuisine, artisanat, art, drogue —, en aucun cas une contribution à la définition politique et institutionnelle du pays. Sur ce plan, le Nord est convaincu de n'avoir rien à apprendre du Sud. Les Latinos, eux aussi, en semblent convaincus puisque — c'est leur faute —, ils ont beau rassembler 20 des 226 millions d'Américains, ils demeurent à la fois peu nombreux et soumis dans les organismes qui par tradition intègrent les immigrants : conseils d'administration des écoles, branches locales de syndicats ou de partis, groupes de pression... Au fond, rien n'a changé depuis ces plans de *West Side Story* où les jeunes filles portoricaines chantent « America, America », comme si elles ne venaient pas d'une île qui est aussi l'Amérique, comme si toutes les Amériques ne pesaient pas du même poids.

Rien de plus révélateur sur ce point que de passer des trafiquants de Medellín, qui désignent les Etats-Unis sous le mot *« arriba »* (en haut), aux fonctionnaires de Washington traitant de la drogue en Amérique latine comme d'un problème dans leur «*backyard*» (arrière-cour). Et il ne s'agit que de la géographie. L'espace séparant les esprits se mesure vraiment quand on entend les uns nommer «*mamadera de gallo*» (littéralement: tétine de coq) ce que les autres appellent «*bullshit*» (merde de taureau). Les deux expressions désignent une absurdité, concept où, au-delà des différences dans le choix des animaux, les Colombiens rient d'une construction drôle, ludique alors que les Américains s'indignent d'une insulte à la raison.

De part et d'autre, la liste des malentendus et des préjugés est si longue, si établie qu'elle exclut les Latinos de la traditionnelle théorie sur l'assimilation des immigrants aux Etats-Unis en trois générations. Dans *Latinos*, un livre pénétrant, l'écrivain Earl Shorris note même que, pour ceux qui viennent d'Amérique latine «la seconde génération — l'espoir de l'immigrant, la génération dans laquelle le plus souvent se produit le grand bond social et économique, et s'incarne le rêve — est mort-née». Cela forme un contexte jamais exprimé, très présent : les Latinos savent que le contrat proposé à tout immigrant, donnez-moi votre culture, votre langue, vos vies et vous aurez en retour la liberté, une vie matérielle décente, voire la richesse, ce contrat qui a fait l'Amérique, ne les concerne pas.

Comment nommer ce qui en découle ? Espoir bridé ? Emigration sans illusion? Poussés par le besoin économique, des Latinos vont vers les Etats-Unis comme on prend un bain en sachant qu'il y a trop peu d'eau pour se mouiller tout à fait. Cette modestie ne laisse pas d'étonner si vous les accompagnez, la nuit, lorsqu'ils franchissent clandestinement la frontière mexicano-américaine, la seule frontière terrestre entre les riches et les pauvres. Les patrouilles des services de l'immigration américaine les guettent avec télescopes à infrarouge, hélicoptères, capteurs de vibrations dissimulés dans le sol. Sous la lune, l'opération a un aspect dantesque, guerrier. Il faut une irrépressible envie de gagner le Nord pour affronter une telle atmosphère. Et pourtant, il n'y a que résignation chez les Latinos en train de se placer dans l'illégalité afin d'émigrer. Tous racontent leur vie au-delà de la frontière comme un roman déjà écrit: boulots en marge, casse-tête légal, petits gains.

Une nuit j'ai suivi l'un d'entre eux, Pablo Alfaro, venu de l'Etat d'Oaxacan, au Mexique, et qui retournait «chez lui», c'est-à-dire dans un orifice creusé à même le sol au fond d'une vallée de Carlsbad, au nord de San Diego. Il dormait dans ce trou tapissé de feuilles de plastique et travaillait pour 0,6 dollar l'heure comme journalier agricole. C'était le bas-fond de l'immigration mexicaine. Un monde d'illettrés perdus le long du Camino Real, la grande route du comté, et n'ayant pour seul repère qu'une poule rouge servant d'enseigne à un magasin.

De quoi se plaignaient Pablo et ses copains réunis le dimanche pour parler, tels des poussins aux pieds de la poule. De pauvreté, d'insécurité ? Même pas: «Chez moi, disait-il, je ne dors pas sur un morceau de mousse et on ne mange pas de viande.» D'un manque de considération? Oui : «Ici, on n'est pas traités comme des hommes», ajoutait-il. Mais il y avait plus grave, exprimable seulement dans le rire: aucun Américain, insistait Pablo, n'avait noté ce que j'avais avancé dans une boutade, qu'ils étaient tous tels des poussins sous la poule rouge. Le Latino souffre au nord du Rio Grande de vivre dans un monde où la modestie, le goût de la chronique, la perception d'une ambiguïté de la condition humaine et même une inquiétude qu'on nommera métaphysique ont disparu.

Le changement de décor compte pour bien peu lorsque l'on va de l'une à l'autre de ces villes qui se font face par-dessus la frontière: Tijuana et San Diego, Ciudad Juarez et El Paso, Nogales (Mexique) et Nogales (Etats-Unis). Certes, on passe de la pauvreté à la richesse en allant des rues en désordre aux pâtés de maisons au carré, mais la vraie différence, entre ces cités, relève du regard porté sur la vie. Les paisas d'Antioquia, même nantis, ne sont pas des immigrés mieux traités. Ils connaissent l'humiliation immanquable de la fouille approfondie, «Vous venez de Medellín?», lorsque le douanier à l'aéroport contrôle leurs documents de voyage; mais ils possèdent un avantage partagé avec près de 700 000 autres Latinos: ils ont Miami. Pas une ville «latinisée» des Etats-Unis, ni une ville d'Amérique latine égarée en Floride, plu-tôt «la» capitale de l'Amérique latine. Un centre commun aux Cubains, Colombiens, Nicaraguayens, Péruviens, etc., qui y forment un monde vaste, continu, cohérent, différencié.

On peut être abusé, avant l'aube, par le clinquant de rêve américain de cette ville qui prend l'éclat d'une Riviera bleue, violette, pourpre. Face à la guirlande mélancolique des feux des paquebots, Miami déploie alors la magie simple d'une poignée de bougies flottant sur un bassin. Ensuite, quand le jour écrase tout d'une lumière blanche, sans nuances, et que la chaleur dilate une odeur particulière, entre océan et marais, l'iode le disputant à la putrescence, il est temps de voir Miami pour ce qu'elle est: une invention aussi légère qu'un coup de badigeon sur un reflet d'océan. Le flamant rose vient d'Afrique, le palmier-dattier est importé des Canaries, le jasmin sauvage provient d'Arabie, le lézard de Cuba et les îles de la baie sont toutes artificielles. Miami ou le vertige de l'absence de passé. C'est la seule ville latino-américaine échappant à la pesanteur de l'Histoire. Elle n'offre que la promesse du futur au paisa qui, enfin, rêve d'être «arrivé» dans une cité qui ne va pas le rejeter en lisant les noms des hôtels le long de Miami Beach : Deauville, Casablanca, Singapore, Pompei, Barcelona, Moulin Rouge, Ankara, Marseille, Fontainebleau, etc. — inutile d'allonger la liste pour que chacun comprenne; nous sommes nulle part.

Ou plus exactement au point d'intersection de l'anglais et de l'espagnol, de la banque et du billet, des Anglos et des Latinos, du rock et de la salsa, de la technique yankee et de l'histoire hispanique. On le vérifie chaque matin en confrontant *The Miami Herald* à son édition espagnole, *El Nuevo Herald* : dans cette ville, deux univers cohabitent. Leur différence ne tient pas à l'intérêt de certains pour les résultats du football au Mexique, mais à l'usage contradictoire de l'émotion et de la raison dans la perception des faits. La légende d'Escobar a été affermie sur cette frontière puisque la première histoire du cartel, multinationale du crime «surpassant la mafia américaine», a été dressée en février 1987 par

The Miami Herald. En tête de chacun des articles publiés durant quatre jours figurait une mitraillette à crosse télescopique, logo d'un label porté en gras: « Les criminels les plus meurtriers du monde ».

Il a fallu une semaine pour que les quotidiens colombiens surmontent leurs appréhensions, leurs rivalités et reproduisent ensemble, à leur tour, ce récit décrivant «El Patrón» comme «le criminel le plus riche du monde». A la façon des artistes latino-américains qui s'imposent pour de bon dans leur pays après s'être produits à Miami dans le show télévisé «Siempre en domingo» (toujours le dimanche) diffusé sur tout le continent, Escobar s'est installé au firmament de la notoriété après que les Etats-Unis eurent reconnu ses mérites. D'ailleurs, aucun autre pays n'est à même d'établir la réputation d'un trafiquant. Les seules estimations sur le trafic de drogue publiées régulièrement dans le monde figurent, chaque année, dans l'*International Narcotics Control Strategy Report*, du Département d'Etat, et le *National Narcotics Intelligence Consumers Committee* produit par des agences fédérales. En toute logique, une puissance à même de dénoncer le trafic est aussi à même de l'ignorer s'il sert ses intérêts. Accuser pour autant de complicité de trafic de drogue certaines agences fédérales américaines reste une erreur de perspective. Pour l'empire américain, comme pour les petits Etats, les trafiquants de drogue, et Escobar le premier, ne sont pas des criminels mais des patrons avec lesquels il faut parfois s'allier puisqu'ils disposent d'une zone d'influence financière, politique, militaire, etc. De là « l'espèce de connivence, selon le spécialiste de stratégie Alain Joxe, qu'on relève entre l'Empire et son ennemi narco, parfois à la naissance des zones de narco-production, où la CIA a joué un rôle transitoire ».

Les livres d'histoire exposent ainsi comment les guerres de Corée, puis du Vietnam, ont contraint la Centrale américaine du renseignement à s'allier avec des producteurs d'héroïne. Ces derniers, contre la protection de leur négoce dans le Triangle d'or birman ou au Laos, donnaient à l'armée américaine des informations indispensables à la poursuite de ses opérations. *Air America*, compagnie de transport aérien montée par la CIA, sortait l'héroïne du Laos vers les Etats-Unis, de même que, dans les années soixante-dix, des pilotes au service du commandant des forces panaméennes, le général Manuel Noriega, employé de la CIA, contribuaient à l'acheminement de la cocaïne. Dans les mois qui ont précédé la mort d'Escobar, le département américain de la Justice a dévoilé une collaboration identique de la CIA avec des officiers vénézuéliens et haïtiens impliqués dans le commerce de la cocaïne.

Escobar a-t-il joui aussi de ces alliances? Certains l'ont écrit. Je ne peux le faire car l'un de mes échecs de journaliste reste de n'avoir pu découvrir, malgré les efforts partagés avec un confrère de Miami, ce que cachait l'opération Dragon Rouge, une infiltration du cartel de Medellín menée par la CIA. Mais les faits demeurent, notoires. Inculpé en même temps que des responsables sandinistes, en 1984, «El Patrón» a connu, comme le régime de Managua, un traitement inventé par l'administration du président Reagan: la «guerre de basse intensité». C'est un conflit auquel les troupes de Washington ne participent pas ou très peu. On procède plutôt par financement d'armées ou de rébellions étrangères, et par des actions de propagande civile. De même que les Etats-Unis ont appuyé et financé la Contra pour renverser le pouvoir sandiniste, ils ont investi dans les opérations Blast Furnace (fournaise), appui logistique contre la répression des cultures de coca en Bolivie, puis Snowcap (couronne de neige), formation d'agents antidrogue. Finalement, ils ont mis en œuvre une «stratégie andine» contre la drogue, à l'automne 1989. Elle consistait, avec appuis financiers aux gouvernements et armées de Colombie, Pérou et Bolivie, à établir une « première ligne de défense », selon les propos du Président George Bush, qui demanda ensuite qu'une « seconde ligne de défense implique le déploiement des éléments appropriés des forces armées américaines avec pour premier rôle de détecter et d'enregistrer tout transport de drogue vers la frontière américaine ».

Un jour d'hiver, le même président américain fit annoncer que deux navires de guerre, le porte-avions *John Fitzgerald Kennedy* et le lance-missiles *Virginia*, croisaient au large des côtes colombiennes. Une flotte à l'assaut des Andes ! On ne pouvait mieux manifester la volonté de faire la guerre sans stratégie pour la gagner.

Du temps où Soviétiques et Américains négociaient d'égal à égal la réduction de leurs armements à Genève, les experts de Gorbatchev étaient las d'entendre leur vis-à-vis répéter toujours la même plaisanterie: «Aucune défense stratégique n'empêcherait l'entrée sur le territoire des Etats-Unis d'un engin nucléaire placé dans un chargement de cocaïne.» Ils ne comprenaient pas qu'il ne s'agissait en rien d'une plaisanterie, mais de la description d'un monde où les trafiquants manipulaient deux drogues que personne ne pouvait arrêter. Car faute de prévenir pour de bon la distribution de la cocaïne sur leur territoire et d'entraver suffisamment le blanchiment de ses profits, les Etats-Unis ont laissé en retour, entre les mains d'« El Patrón», le produit, « made in USA », aux effets ravageurs qu'il répandait dans une bonne partie des Andes et spécialement en Colombie: l'argent facile.

IV

LES DOLLARS DE LA COCA

Il est connu dans le monde entier, mais peu de gens savent mettre un nom sur ses traits de paysan. Il s'appelle: Juan Valdes. C'est lui, *«si, señor»*, qui avec un chapeau, un poncho à rayures, une mule — que les Occidentaux prennent pour un âne — personnifie dans le monde entier le goûteux « café de Colombie ». L'agence de publicité américaine chargée de cette promotion jugeait qu'un homme vantant un produit propre à ôter le sommeil ne pouvait se passer d'un nom. Juan Valdes, donc; et force est de reconnaître que cela ne pèse guère face à Pablo Escobar. Lui possède tout: la renommée, un produit à forte notoriété internationale, et la capacité d'ôter le sommeil, au propre comme au figuré.

Quant au poids respectif des domaines d'activité de Valdes et d'Escobar, il ne se compare pas: le café, première exportation légale, rapporte 1,7 milliard de dollars à la Colombie en 1988, alors que les capos de la cocaïne, eux, encaissent 4 milliards de dollars. L'année est pourtant délicate pour El Patrón puisqu'elle commence par le déclenchement de deux guerres au mois de janvier: l'une, physique, contre lui avec cette explosion d'une voiture piégée devant son domicile, le Monaco; et l'autre, juridique, puisque six mois après sa victoire contre le traité d'extradition américano-colombien, une procédure identique est amorcée, cette fois en vertu d'un autre traité signé par plusieurs pays, en 1934, à Montevideo.

En dépit de ce climat d'adversité, les affaires tournent car — rendons à «El Patrón» ce qu'il aurait été dangereux de lui voler — il transforme une activité criminelle mineure en une industrie majeure, intégrée, relativement stable et même diversifiée grâce au réinvestissement de profits énormes. La cocaïne demeure la grande réussite dans l'histoire commerciale contemporaine de l'Amérique latine. C'est certain, elle ne vaut que par l'existence d'un commerce pour la vendre et l'interdiction simultanée de ce commerce qui en gonfle les gains. Mais cette contradiction constitue la seule loi économique propre à ce secteur. Pour le reste, là comme ailleurs, il faut que le produit rencontre son consommateur. Lorsque, à la fin des années quatre-vingt, aux Etats-Unis, où le cartel de Medellín détient 80 % du marché, une saturation se fait jour, une double diversification est entreprise : recherche de nouveaux clients en Europe, et introduction d'un produit moins coûteux, le crack, afin d'élargir le marché américain par le bas.

Comme entrepreneur, Escobar possède un côté Henry Ford : la cocaïne au prix de gros vaut 10 000 dollars le kilo en cette année 1988, soit six fois moins qu'en 1980 alors que les quantités livrées ont été multipliées par dix. Mais comme investisseur, il a un côté Rockefeller : il possède en propre toute la ligne de production, des laboratoires aux avions en passant par bateaux, armes et équipements de communication. Quand il traite lui-même de production ou de livraison, il s'installe dans une *oficina*. C'est le bureau d'une entreprise à l'activité légale et qui lui appartient à travers un prête-nom. Là, un cadre ordinaire suit par fax et radiotéléphone une filière du trafic. La gestion de la cocaïne ne se distingue de celle des autres produits que sur deux points : le secret du négoce et la remise à zéro de la comptabilité après chaque « opération ». L'usage de l'*« ajuste »*, un financement groupant plusieurs trafiquants sur un même envoi de drogue, fait de chaque opération une société en participation. Les risques sont limités en cas de saisie de la cargaison. Les bénéfices se partagent au prorata de l'apport de chacun.

Aucune association n'est permanente. Les *oficinas* changent aussi puisque des témoins de bonne foi m'ont affirmé avoir visité « le bureau d'Escobar », chacun en un endroit différent de Medellín, d'Envigado ou d'Itagüi. Chaque fois, leur récit décrit un entrepreneur à l'esprit vif derrière un cercle de gardes du corps. Suivi des envois dans un crachotement constant de radios, soin apporté à tenir les calendriers, gestion par «flux tendus» afin d'écourter le délai entre production et livraison : El Patrón connaît les grandes lignes de la politique suivie, mais délègue les opérations courantes à son neveu et compagnon d'enfance, Gustavo de Jesús Gaviria Rivero.

Escobar n'a rien découvert. La cocaïne se plie aux lois du marché. Un producteur de feuilles de coca reste aussi mal loti que tout autre fournisseur de matière première: il touche un centième, au mieux, du prix au détail de la poudre blanche. El Patrón n'en fascine pas moins le monde hispano-américain car il met sur pied cette chose oubliée, que l'on croyait à jamais perdue, pour tout le continent: un secteur florissant.

Sa réussite prend à contre-pied la théorie du développement appuyée depuis 1947 par la Commission économique des Nations unies pour l'Amérique latine et les Caraïbes (Cealc — l'ancienne Cepal). A l'instigation de son fondateur, l'économiste Raul Prebisch, elle préconise la croissance par substitution d'importations dans des économies qui produisent peu à peu ce qu'elles achetaient à l'étranger. La cocaïne démontre la validité de la solution opposée: la croissance par l'augmentation des exportations.

Du coup, on voit s'inverser une tendance désastreuse: les années quatre-vingt sont désignées comme «la décade perdue» sur un continent qui voit le revenu par habitant baisser de près de 10 %. Durant la même période, l'économie colombienne enregistre une croissance de près de 15 % qui la place en tête de tous les pays. La cocaïne constitue un apport de ressources sans égal.

Mieux, elle écarte le spectre qui hante tous les gouvernements, la dette externe. Depuis le 12 août 1982, date de la proclamation par le Mexique d'un premier moratoire sur le remboursement de ses emprunts à l'étranger, tous les pays du continent vivent le mauvais feuilleton des négociations avec le Club de Paris. C'est un souci pour les financiers et un drame intime pour beaucoup de petites gens. A Mexico, près de la cathédrale, un jour de 1986 où j'achevais d'interviewer le secrétaire aux Finances chargé de renégocier la dette de 100 milliards de dollars

— «Je suis, plaisantait-il, ce qu'on appelle un homme demandé» —, le manège d'un marchand de violons miniatures qui s'imposait de changer ses pesos en dollars de l'autre côté de la rue, après chaque vente, avait attiré mon attention: «Notre monnaie, m'expliqua-t-il sans rire, tombe plus vite que le soleil ne se couche.» La Colombie reste la seule exception à ce désarroi du continent: durant toute la décennie, elle honore ses engagements. Elle ne demande même jamais à ses créanciers de revoir sa dette.

Bien sûr, peu de Latino-Américains sont assez avertis d'économie pour noter ces soufflets que l'industrie de la cocaïne inflige aux discours officiels les plus répandus. Mais, à tout le moins dans les pays andins, beaucoup voient dans son succès la preuve a contrario que les chances ne sont pas égales pour tous. Parce que ses gains sont conquis au-delà de la morale et de la légalité, la cocaïne rappelle à l'Amérique latine qu'elle perd à tous les coups lorsqu'elle joue selon les règles établies par les plus puissants. D'ailleurs le continent régresse sur le circuit des échanges internationaux: il effectuait 7,7 % des exportations mondiales en 1960; toujours en cette année 1988, il n'en assure plus que 3,9 %. S'il devait disparaître tout à fait, le fonctionnement de l'économie mondiale n'en serait guère altéré. La guerre que les Etats-Unis veulent mener contre la cocaïne vise le seul point fort du continent. L'Amérique latine ne détient aucun autre produit stratégique. Elle joue un rôle non négligeable sur le marché de quelques métaux non ferreux ou du café, mais elle demeure incapable d'imposer le cours d'un de ces produits au niveau mondial.

« El Patrón » personnifie donc une sorte de revanche : la possibilité d'être autre chose qu'un lointain débiteur de l'Occident. Il est moralement condamnable mais économiquement vainqueur sur une terre convaincue d'être oubliée des puissances qui imposent leur modernité au reste du monde. Il s'agit d'un vrai paradoxe, car les «paisas» de la cocaïne ne sont pas, dans leurs relations interpersonnelles, des entrepreneurs modernes. Longtemps, l'Antioquia est restée isolée. Il était courant, faute de main-d'œuvre, que des propriétaires y exploitent eux-mêmes mines d'or et plantations de café. Mais, comme ils négociaient aussi en personne les ventes de leurs produits avec des étrangers, il ont acquis une culture curieuse mêlant l'étroitesse de vues et la dureté d'un tout petit patron avec l'ouverture sur le monde d'un commerçant au long cours.

On doit rappeler ici l'image d'« El Patrón» chargeant lui-même ses paquets de cocaïne à bord d'un avion au Nicaragua. Dans ce monde où chacun se retrousse les manches, la hiérarchie ne ressemble pas à celle d'une entreprise moderne. Elle est celle d'un clan assemblé autour d'un chef. Ce dernier peut être *«gamonal»*, c'est-à-dire cacique d'une région isolée, il peut aussi être *« patrón »*, chef d'une machine de pouvoir économico-politique d'une petite ville. Dans tous les cas, les rapports entretenus avec des subordonnés sont régis par le *«compadrazgo»*, une relation faite d'obligations réciproques. Entre *« compadres »*, le plus faible sert le plus fort qui le protège en retour. Il y a du clientélisme, du paternalisme, l'acceptation d'une autorité absolue et l'immensité d'un pouvoir dans ce système qui fait d'Escobar l'ultime «Patron» de chaque «patron».

Une étude de l'université Stanford estime que chaque exportateur de cocaïne vers les Etats-Unis donne du travail à environ 280 personnes employées, dans le raffinage et le transport, et à 740 cultivateurs de coca. Mais dans une industrie qui ne publie ni bilan annuel ni statistiques, on saisit mieux l'ampleur de l'activité en amont du raffinage en voyant le sol changer de couleur lors d'un vol au Pérou, depuis Lima vers la vallée haute du fleuve Huallaga. Sous les ailes de l'avion, le vert cru de la forêt tropicale, où les rivières se lovent comme des serpents couleur de boue, vire peu à peu au vert tendre, semblable à celui des glaces à la pistache colorées sans soin. Cette nuance, que les marchands de couleur n'ayant jamais vu Vérone baptisent vert Véronèse, appartient à *Erythroxylon coca*, l'arbuste dont on cueille les feuilles, trois ou quatre fois par an, pour préparer la pâte dont on fait la cocaïne. Ce ne sont pas des champs de coca que l'on voit, mais de la coca, partout. Au sud, les hauts plateaux apparaissent sous la forme d'un fragile ruban violet perçant la brume de loin en loin avec, plus haut, une crête dentelée où perce du blanc. Mais là, tout le paysage est vert, uniforme. Un océan de coca, pugnace, monte sur les coteaux, épouse les crêtes, suit les ravines et frôle les rares arbres épargnés par les cultures. Lorsque l'avion descend, on voit parfois un rectangle plus clair: toit de tôle ondulée d'une masure ou aire de terre battue pour faire sécher les feuilles. Tout est si vaste qu'on pense à une culture industrielle plutôt qu'à la culture du crime.

Plus du tiers des 300 000 hectares de coca plantés dans le monde se trouvent dans cette vallée d'un affluent de l'Amazone. Les «cocaleros», tous descendus des hautes terres vers la forêt tropicale qu'ils ont défrichée eux-mêmes, appellent cette vallée chaude et humide à environ six cents mètres d'altitude la «mine verte». La conquête de l'Amérique latine est faite d'une succession de mines exploitées au profit du

Vieux Monde: or, argent, étain, cuivre... La «Mine Verte» est un chapitre attardé de cette histoire. C'est la seule matière première dont conquistadors, colonisateurs et gérants de multinationales se soient désintéressés, tolérant simplement une exploitation pour le marché local.

En 1499, Amerigo Vespucci, le Florentin qui donna son prénom à l'Amérique, s'étonnait de voir des «Indiens ruminant comme des vaches» des feuilles de coca. Les premières interdictions de la plante figurent dans des lois signées en Espagne par Philippe II en 1560, puis 1563 et 1569. En 1567, l'Eglise ajoute sa dénonciation par le Conseil des évêques de Lima de cette «chose inutile, pernicieuse, qui mène à la superstition ». C'est, disent les évêques, « le talisman du diable ». Et pourtant, le souverain espagnol cède en 1573, légalisant à nouveau les cultures, comme le fit encore, en 1947, le président colombien Mariano Ospina Pérez qui tenta en vain, durant cinquante jours, d'interdire la culture, la vente et la consommation de coca dans son pays avant de réformer sa loi face à ce qu'il appela une «véritable tempête».

Il existe un domaine andin où la coca va de soi, au même titre que, à chaque altitude, le manioc, l'avocat, le maïs ou la pomme de terre. Quel voyageur, abruti de fatigue par la marche et accueilli par un petit fermier d'Equateur, du

Pérou ou de Bolivie, n'a bu avant de s'assoupir une «eau de coca», infusion digestive et sédative, servie aussi aux enfants? Moi-même, qui fus un peu ce voyageur, je constate que je n'ai rien noté sur ce point en cheminant un carnet en main derrière des Indiens qui mâchaient leurs feuilles tout au long de la journée, presque sans pause, en ajoutant des touches de chaux (coquillages pilés) sur leurs gencives d'un étrange et terne rose-violet afin que l'alcaloïde qui apaise et stimule sorte de la plante. Est-ce parce qu'ils prêtaient un caractère sacré à cette plante que je n'ai jamais songé à en avaler?

Confidence pour confidence, il m'a fallu voir les mêmes feuilles dans un bain d'eau et d'acide, foulées aux pieds par deux travailleurs d'un laboratoire clandestin transformant la coca, pour comprendre le sens profond de l'industrie de la cocaïne. De la feuille à la poudre blanche, c'est une machine à descendre le temps, d'une portée de quatre siècles. Elle glisse de l'Amérique hispanique, avec sa population indienne ayant survécu à la conquête, vers les Etats-Unis, qui ont exterminé leurs indigènes et sont donc nés sans composer avec rien ni personne, modernes d'emblée. Seule différence avec le passé: l'Amérique latine ne se laisse pas dépouiller de la cocaïne à la façon dont Incas, Aztèques et Mayas ont pu perdre leur or, car Escobar est armé, il sait la valeur des choses, il fait les prix et se charge des livraisons.

Sait-il que la coca fut le privilège des empereurs incas ? Les *«corredores»*, les acheteurs de feuilles ou de pâte de coca de la vallée du Huallaga, évoquent toujours, pour refuser de hausser leurs cours, l'autorité du grand *«colocho»*, du détenteur de l'autorité suprême à l'étranger. A Uchiza ou Tingo María, dans ces cités de dizaines de milliers d'habitants qui ont poussé dans la jungle en quelques années et possèdent des importateurs de voitures japonaises, mais pas d'asphalte dans les rues, on nomme tout acheteur de coca «el Colombiano» (le Colombien). Escobar a voulu maintenir ce singulier. D'ailleurs, l'imperceptible première déchirure de son autorité, celle qui laisse entrevoir sa chute, se produit lorsque le «cartel de Cali», dont les trafiquants exportent plutôt vers New York, refuse malgré son insistance de financer son combat contre l'extradition.

De là, le premier attentat contre lui, à l'immeuble Monaco. Déguisé en ouvrier, il constate, dit-on, les dégâts sur place, donnant naissance à la double légende d'invulnérabilité et de défi qui va l'accompagner durant six ans. Mais cette menace de ses collègues de Cali, ajoutée aux recherches des autorités, le jette dans une vie de prudence et d'errance sans trêve. Il circule entre les centaines de propriétés que gèrent pour lui des prête-noms en Antioquia. A chaque fois, il ne reste jamais plus de quelques jours, deux semaines au plus, par crainte que sa présence ne soit signalée. Dans ses allées et venues, dans son acharnement à maintenir l'unité de ce qu'il a conquis et à en rester le maître s'installe quelque chose de la déambulation d'un Bolívar s'épuisant magnifiquement entre Venezuela, Colombie, Equateur et Pérou pour vérifier que «la Patrie, c'est l'Amérique, et elle est partout la même: sans remède ».

L'activité d'Escobar ignore les frontières. Elle s'étend des paysans boliviens du Cuzco, manifestant au cri de «La coca ou la mort», aux «cuisiniers» des laboratoires établis en Equateur et aux distributeurs de Floride, à la fidélité d'autant mieux contrôlée que leurs familles restent au pays. On sait qu'« El Patrón » fut tout près d'être appréhendé par l'armée colombienne, en mars 1988, sur ses terres, à El Poblado, dans sa propriété d'El Bizcocho. Il semble désormais établi qu'il fut détenu brièvement, quelques mois plus tard, sous une fausse identité, en Equateur.

Le jugement est du président péruvien Alan Garcia, en 1985, devant les Nations unies: « La seule entreprise internationale née dans nos pays à avoir réussi, disait-il, est le trafic de drogue. L'effort le plus achevé pour parvenir à l'intégration andine a été le fait des trafiquants.» Ses démêlés judiciaires, après son départ du pouvoir, pour avoir eu partie liée avec des banques vouées au blanchiment de l'argent, ont confirmé que ce chef d'Etat était un expert dans ce domaine. Et cela s'écrit sans ironie: l'argent de la drogue, nommé «l'argent chaud» tant il brûle les doigts de ceux qui s'en saisissent, ne laisse personne indifférent en Amérique latine.

Nous touchons là aux zones obscures de la conscience et de l'âme. Peser les péchés de chacun pour dresser une sociologie des effets de la cocaïne est une tâche malaisée, inévitable. Dans une époque dépourvue de valeurs morales, la géopolitique se surprend à traiter des comportements individuels à l'image du président George Bush qui affirmait, en 1989, juste avant de faire appareiller ses navires de guerre à l'assaut des Andes, que la drogue est «le problème intérieur le plus grave qu'affrontaient les Etats-Unis». L'Occident estime que les effets de la cocaïne dans ses sociétés sont plus importants que les ravages provoqués au sein des pays andins par la consommation de la pâte de coca. Elle se nomme «basuco» en Colombie, «kete» au Pérou, «pitillo» en Bolivie; la fumer est la grande affaire d'une population urbaine misérable et dépendante, prête à tous les larcins pour acquérir ce produit qui attaque les neurones.

Croiser à potron-minet, dans la boue de Villa Tunari, aux portes du Chapare bolivien, un gamin affamé d'une quinzaine d'années sans chaussures, mangé de poux, d'une crasse nauséeuse, et qui prétend, malgré son épuisement, vous dévaliser entre deux baraques de planches disjointes, afin de «fumer quelque chose», reste une expérience qui obère les sympathies personnelles et même l'amitié que les accidents de la vie, parfois, font nouer avec des «capos» de la cocaïne. Pourtant, il circule dans les pays andins une drogue autrement plus corrosive: le dollar. Il anéantit la volonté, et aussi la dignité que cet enfant conservait malgré tout et qu'il faut bien refuser à des adultes sains, propres mais, pour citer le cliché classique, «corrompus jusqu'à la moelle».

C'est en Bolivie aussi qu'avait circulé, en 1988, une bande vidéo où l'on voyait Roberto Suarez, vieux complice d'Escobar, criminel en fuite et «capo» national de la cocaïne, réuni avec plusieurs hauts responsables de l'armée, des affaires et de la politique. La commission parlementaire, créée spécialement pour enquêter sur ces faits, s'était vite dissoute de crainte que ses travaux favorisent, disait-elle, un complot visant à «déstabiliser la démocratie».

La Colombie n'a pas de leçon à donner en ce domaine: lors du boom de la marijuana des années soixante-dix, elle avait autorisé sa banque nationale à ouvrir dans chaque agence la «ventanilla siniestra» (le guichet de gauche) destinée à changer les dollars présentés en liquide et sans indication de provenance. Avec la cocaïne ce n'est plus dans un guichet mais dans l'économie tout entière que l'on met de l'argent à gauche, l'argent de la drogue, bien sûr. Sur le plan sémantique, cela se traduit par l'omniprésence dans le langage du suffixe «narco» — de narcotique. D'un jour à l'autre, la Colombie se réveille avec des «narco-dollars» investis dans des «narco-empresas» (narco-entreprises), des «narco-Toyota» roulent sur ses routes, une «narco-guérilla» combat dans la montagne et du «narco-ganado» (narco-bétail) paît dans les prés. Le «narco-football» emplit les stades et les «narco-putas» les bordels. L'argent de la drogue s'est glissé dans l'ensemble du narco-pays, y compris arts, politique, armée et Eglise.

Le flux du profit est tel — plus de 6 milliards de dollars par an, peut-être 9, au début des années quatre-vingt — que des gens de bonne foi reçoivent, sans le savoir, de l'argent de la drogue. Des immeubles, des flottes de voitures ou d'avions, des entreprises, des exploitations sont acquis tout à trac par des acheteurs ne s'embarrassant pas de discuter les prix. Même lorsque le blanchiment des gains est en place, avec des investissements directs à l'étranger, on estime encore à un milliard de dollars les fonds rapatriés chaque année en Colombie, soit 3% du produit national. L'économie est méconnaissable. Au moment de l'attentat contre l'immeuble Monaco, la lecture du cadastre révèle qu'« El Patrón » possède en nom propre, à Medellín, 16 immeubles dotés d'héliports. Lui ou son épouse paient des impôts immobiliers sur 96 propriétés et fraudent le fisc sur 39 autres. Et il ne s'agit que du patrimoine déclaré, sans recours aux prête-noms. Et il ne s'agit que de biens. La vraie puissance se juge autrement; Escobar et les autres « narcos » contrôlent des hommes de pouvoir : parlementaires servant leur cause, anciens juges de la Cour suprême en charge de leurs dossiers juridiques, entrepreneurs chargés de gérer leurs biens. Dans un pays où les nantis se renouvellent si peu qu'on les appelle *«hombres de siempre»* (hommes de toujours), des «coming men» sortis de nulle part disposent soudain, au-delà de la terreur et du meurtre, de fonds propres à fléchir toutes les volontés, à ébranler toutes les consciences.

Les Colombiens ne sont pas plus sensibles que d'autres à la corruption, mais ils sont plus sollicités. En Amérique latine, toutes sortes d'officiels en position d'aider le trafic de cocaïne se sont laissé tenter par l'« argent chaud».

Parmi ceux qui ont failli à leur mission, on trouve, selon la justice américaine: des militaires haïtiens, des officiers supérieurs mexicains, le chef des forces panaméennes, le commandant de l'armée du Suriname, un ex-chef d'état-major des forces honduriennes, l'ambassadeur du Honduras au Panamá, un ministre bolivien de l'Intérieur, deux ministres des îles Turks et Caïcos, un premier ministre bahamien, des officiels cubains, tant civils que militaires...

En Colombie, le recrutement est plus démocratique: sans avoir occupé aucune position sociale au préalable, des gens accèdent aux plus grands profits. «Ici, me dit un soir, indigné, un ami de Bogotá, le piéton ne rêve pas d'avoir sa voiture mais son avion.» Un livre, *Impact du narcotrafic en Antioquia,* publié par un avocat, Mario Arango, fin 1988, va jusqu'à affirmer qu'on assiste aux débuts d'une «révolution sociale», avec «l'apparition à grande échelle de secteurs marginaux» prenant place dans la société de consommation.

L'industrie de la cocaïne elle-même devient un jeu où la finance l'emporte sur l'industrie. Escobar change son mode d'activité dans la deuxième moitié des années quatre-vingt. Il travaille sous licence, comme un créateur de modèles déposés ou l'exploitant des droits commerciaux d'une grande marque. Quiconque exécute un enlèvement ou une attaque à main armée en Antioquia remet une partie de ses gains à celui qui assume, au nom de la pègre, l'affrontement avec les forces de l'ordre. A fortiori, l'envoi de cocaïne sur les itinéraires dont il a fixé les étapes et établi les transporteurs sous-traitants suppose le versement d'une commission. «El Patrón» se mue en un vrai «parrain»: la richesse produite par la famille de la cocaïne monte vers lui, naturellement. Mais il n'y a là rien qui l'aide; au contraire, puisque ses difficultés sont désormais celles d'un paysan par trop enrichi et que ses biens embarrassent.

Les «paisas» n'ont pas renié leurs origines : ils cherchent dans la propriété de la terre et du bétail le reflet de leur puissance. Fin 1988, la rumeur leur attribue la propriété de 30 % du territoire. Cette donnée reste impossible à vérifier, mais, dans certains départements, le «narco-agro» occupe à l'évidence plus de la moitié des meilleures terres, voire 90 % par endroits. Cette puissance a des effets considérables dans un pays où le contrôle de l'espace fait l'objet d'un affrontement entre l'armée et les différents fronts des mouvements de guérilla (Farc, M-19, ELN, EPL, PRT, Quintin Lame*).

* Ces sigles sont développés dans les notes en fin de volume.

Les «narcos», qui payaient des guérilleros pour protéger les laboratoires clandestins de cocaïne, refusent de céder aux extorsions — impôt, « vaccin » du bétail, rançon... — que ces mêmes guérilleros infligent aux exploitants agricoles. La guérilla ne peut tolérer ce refus, car son existence est en jeu: lorsque les trafiquants achètent toutes les propriétés d'une région, il n'y a plus qu'eux pour produire des ressources. L'affrontement est d'autant plus tendu que les «milices d'auto-défense», traditionnellement mises sur pied par les propriétaires pour repousser les demandes de la guérilla, changent de financement, d'armement, de méthode et même de nom avec l'arrivée des trafiquants. Elles s'appellent désormais la Main noire, Amour de la patrie, Mort aux révolutionnaires… Elles ne se contentent plus de repousser les demandes de la guérilla, mais éliminent aussi les ouvriers agricoles syndiqués et les élus locaux se mêlant des luttes sociales. Elles rejoignent ainsi l'activité des services spéciaux de l'armée qui, pour mieux combattre la guérilla, prennent pour cible sa base sociale: paysans politisés, syndicalistes, élus et militants trop combatifs... Durant l'année 1988, 82 massacres de 4 personnes ou plus ont ainsi lieu dans des zones agricoles de plus en plus dispersées, au fur et à mesure que les trafiquants s'installent dans les départements de l'est du pays : Caquetá, Meta, Guaviare, Arauca.

Dans la vallée moyenne du fleuve Magdalena, où Escobar et ses lieutenants avaient très tôt acheté d'immenses propriétés, les «narcos» touchent à la plénitude. En acquérant toutes les terres, avec des menaces envers ceux qui ne veulent pas vendre, ils sont devenus de facto les seigneurs d'un Etat privé prélevé sur le territoire colombien. Ils ont transformé la milice locale, l'Association des paysans et éleveurs du Moyen-Magdalena (Acdegam) basée à Puerto Boyacá, où Escobar avait appris la contrebande sur les bateaux descendant le fleuve. D'une petite association de propriétaires armés, elle est devenue une force militaire organisée, avec mercenaires payés, hélicoptères, véhicules tout terrain, système de communication radio, cantines et services de santé. Membres de la milice et soldats patrouillent de concert, parfois même ensemble. L'armée, dont les officiers mal payés sont vulnérables « aux tirs d'obus de dix, de vingt millions de pesos », comme le disent en riant les «narcos», se laisse séduire par ces alliés dans la lutte contre la guérilla. Les officiers omettent de remarquer les laboratoires clandestins. Cette alliance au bord du Magdalena est l'achèvement le plus complet d'un rapprochement graduel, dans les départements isolés, entre militaires et trafiquants de cocaïne. La terminologie dù port d'armes en groupe dans les campagnes distingue bientôt «autodéfense», c'est-à-dire un mouvement de paysans qui se défendent de la guérilla, de «paramilitaires», où ce même mouvement est armé par des militaires pour combattre les guérilleros, à ne pas confondre avec l'« autodéfense paramilitaire » de paysans qui s'associent aux actions de l'armée contre les guérilleros. Si ces paysans reçoivent le financement de trafiquants de drogue, leurs mouvements méritent le label de «narco-autodéfense». Au plus haut de l'intégration, règnent les «narco-paramilitaires», mercenaires, parfois d'origine paysanne, financés par les «narcos» et combattant en liaison avec des militaires. L'Acdegam figure dans cette dernière catégorie. C'est une quasi-armée.

Il faut s'arrêter ici, sur la puissance atteinte par «El Patrón» courant 1988 et dans les premiers mois de l'année 1989. Il n'ira pas plus loin. Peut-être sera-t-il plus riche ensuite. Plus violent, à coup sûr. De toute manière, son pouvoir ne s'étendra pas davantage. Escobar a vérifié que le crime peut bousculer la donne de l'économie internationale, qu'il permet de s'approprier les biens d'autrui, d'acquérir la complicité des élus du peuple et la cécité des serviteurs de l'Etat, et qu'il peut mener ces différentes phases avec une violence obscène. Mais il existe une limite qu'aucune autorité publique ne peut laisser franchir par le crime sous peine de disparaître : la mainmise sur l'ultime pouvoir officiel de coercition, l'armée.

En janvier 1988, l'irréversible est commis avec l'inauguration d'une académie militaire privée dans « l'Ile de la Fantaisie », près de Puerto Boyacá. Financement : Acdegam ; premier professeur : Yair Klein, colonel de réserve de l'armée israélienne, dont la présence est connue des autorités militaires colombiennes ; parrains de la première promotion : le colonel Luis Bohorquez, commandant du bataillon Bárbula en charge du Moyen-Magdalena, et José Gonzalo Rodríguez Gacha, alias « le Mexicain », numéro deux du cartel de Medellín.

La suite est atroce : des élèves de la promotion, menés par un « moniteur », Alfredo Baquero surnommé « Vladimir », participent à 38 des 82 massacres de l'année. Ces chiffres comptent moins pour le pouvoir que la menace pesant sur l'intégrité de l'armée : d'une part, elle mène des opérations contre le trafic de cocaïne, comme celle appelée Arc-en-ciel qui fait tomber près de trois cents laboratoires au début de l'année 1989, et, d'autre part, des colonels et commandants collaborent avec des « capos » de la drogue. Verra-t-on s'affronter des soldats appuyant les «narcos» et d'autres qui les traquent?

Les dévoiements d'officiers, préoccupants pour la sécurité du pays, deviennent impossibles à ignorer, quelques mois plus tard, lorsqu'un capitaine de réserve, Luis Javier Wanumen, est trouvé en possession de documents concernant la préparation d'un attentat contre le patron du Département administratif de sécurité (DAS), une institution mélangeant police judiciaire et services secrets. C'est, au cœur de l'Etat, le principal organisme de renseignement, notamment dans la lutte contre le trafic de drogue, le seul qui semblait résister aux infiltrations.

Que le pouvoir économique soit divisé, c'est sa nature; que des fonctionnaires, des policiers puissent être corrompus, c'est partout possible; mais que l'unité de l'Etat et de son armée soit publiquement menacée, c'est insupportable. D'autant plus que l'assaut vers le pouvoir de l'Etat n'est nullement déguisé. Au début de l'été, l'Acdegam se double d'une branche politique: Morena (Mouvement de Rénovation Nationale). Durant les quelques semaines de son existence, sous couvert d'un appel à l'ordre, ce parti tente d'assurer, selon un rapport interne du DAS, la «symbiose entre le trafic de drogue, les groupes d'autodéfense, les groupes de tueurs entraînés par des mercenaires étrangers et les exploitants agricoles lassés du harcèlement insistant de la guérilla.»

Et le pire est à venir: Escobar a commandité, avec «le Mexicain», le meurtre de Luís Carlos Galán, précandidat libéral à l'élection présidentielle, donné vainqueur par les sondages. «El Patrón» a déjà fait tuer le ministre de la Justice qui l'avait attaqué au Congrès et le directeur d'*El Espectador*, qui le premier l'avait dénoncé. Eliminer l'élu qui l'a chassé du courant libéral assouvira pleinement le désir de vengeance qu'il nourrit depuis qu'il a dû quitter la scène politique officielle. Mais, puisqu'il s'agit aussi de l'homme que les Colombiens veulent se donner pour Président, ce meurtre reviendra à poser la question définitive: qui commande dans le pays?

Les «narcos» contrôlent une partie du territoire; ils exhibent un sanglant pouvoir de coercition; ils ont proposé plusieurs fois de régler la dette extérieure du pays (12 milliards de dollars); leur argent assure alors, selon le ministre du Développement, Carlos Marulanda, le quart d'une croissance du produit national estimée à 4 % pour l'année en cours. Tout pouvoir politique cède devant la puissance économique, a fortiori lorsque celle-ci recourt à la force. Escobar rappelle cela à demi-mot au début du mois d'août en exigeant, devant tout le pays, une amnistie, avec une question d'une insolence menaçante derrière sa déférence: «Nous demandons à Monsieur le Président de la Colombie, qu'y a-t-il de plus important que la paix de son peuple? Comme nous sommes des citoyens, colombiens nous exigeons au moins une réponse.»

Avant la signature de la lettre, «Les Extradables», un ultime paragraphe lance un défi, de pouvoir à pouvoir: «Nous voulons la paix. Nous voulons dialoguer, mais nous n'amènerons pas le drapeau.» La guerre, qui se profile, se fera bannière au vent.

V

L'ÉTAT DE GUERRE SANS ÉTAT

Les deux déclarations, également intraitables, tombent l'une au surlendemain de l'autre.

La première est une lettre, datée du 23 août 1989 et adressée à une station de radio, dans une mallette contenant vingt kilos de dynamite: « Nous déclarons, dit ce texte, la guerre totale et absolue au gouvernement, à l'oligarchie industrielle et politique, aux journalistes qui nous ont attaqués et outragés, aux juges qui se sont vendus au gouvernement, aux magistrats extraditeurs, aux présidents des syndicats patronaux et à tous ceux qui nous ont pourchassés et attaqués.» Signature: «Les Extradables».

La seconde déclaration est un discours du Président Barco, au débit emprunté, en direct à la télévision: « ... la Colombie, écoutez bien, est en guerre. Ce n'est pas une simple expression rhétorique. [...] Le pays est en guerre contre les trafiquants de drogue et les terroristes. [...] Le gouvernement et le pays ne se reposeront pas jusqu'à ce qu'ils aient gagné cette guerre.»

Escobar et le chef de l'Etat colombien s'accordent sur un terme: guerre. Difficile, il est vrai, d'évoquer un autre concept après l'accomplissement, le 18 août, du meurtre du sénateur Luís Carlos Galán, précandidat libéral à la présidence. Les circonstances sont celles d'un coup d'audace : il est abattu au revolver, durant un petit meeting à Facha, près de Bogotá, malgré (ou grâce à ?) la présence de 82 gardes du corps et agents chargés de sa sécurité. Mais un tel acte n'évoque qu'un précédent, énorme: la guerre civile qui balaya le pays après l'assassinat d'un candidat libéral à la présidence, Jorge Eliécer Gaitán, le 9 avril 1948.

Il s'agit de la date la plus importante dans l'histoire moderne de la Colombie. Tout le monde parle depuis du «9 avril», sans préciser l'année qui va de soi. Cette date plonge au plus profond de la conscience de la nation. Elle questionne la possibilité pour un Etat d'exister sans être approprié par un parti ou des clans. Plus encore, elle met en doute la réussite de la Colombie, comme des autres pays d'Amérique latine, dans leur volonté de créer au début du XIXe siècle des Etats-nations analogues à ceux de l'Europe. Qu'est-ce qu'un Etat-nation où le meurtre d'un candidat provoque une guerre intérieure de façon si mécanique qu'un trafiquant de drogue tente de répéter l'opération, quatre décennies plus tard, pour son compte ?

Sur le plan du symbole, « El Patrón » touche juste. Il porte la violence au cœur de cette mémoire collective sans laquelle une nation n'existe pas. Pour le reste, il joue à l'apprenti sorcier : personne, au XXe siècle, fût-il à la tête d'un mouvement armé, n'a mené une « guerre totale » contre le pays où il vit. Les seules pratiques connues sont le foyer de guérilla, le harcèlement terroriste, l'attentat publicitaire et les divers défis aux forces de police ou à la justice. Dans ce domaine, on n'invente plus, en dépit de l'abondance des pratiquants. C'était donc un intérêt morbide, je l'avoue, qui, par goût de la science politique, me faisait alors poser sur la Colombie l'œil de l'entomologiste suivant la rencontre d'une mante religieuse et d'une araignée. Qui mange qui ? La réponse n'allait pas de soi. Début septembre, un rapport confidentiel de la DAS au président Barco refusait de « formuler un pronostic optimiste sur l'issue de la guerre avec les mafias, car celles-ci ont tellement élargi leur assise que seule une action soutenue et de longue durée peut garantir le démantèlement de leurs centres vitaux et la confiscation de leur fortune démesurée ».

Attention au pluriel: «des» mafias, car entre «cartels» de Cali et de Medellín l'affrontement grandit. Cela fait un adversaire de plus pour Escobar. Sa tâche s'en trouve compliquée. Il alimente depuis des années une atmosphère de violence, il combat des ennemis privilégiés (ceux de Cali, le DAS), il lui faut aller au-delà pour prouver le déclenchement de sa «guerre totale». Défi presque impossible à relever : une pièce se joue déjà pour le pays, et qui plus est avec ses troupes dans les premiers rôles de ce qu'on appelle la «guerre sale». Son symbole en est le meurtre, à l'automne 1987, de Jaime Pardo Leal, leader national de l'Union patriotique, une coalition liée au Parti communiste. Son assassinat, en une période sans fortes luttes sociales, symbolise de manière retentissante les éliminations faites de sang-froid par les milices d'autodéfense des propriétaires terriens, financées par les «narcos», et qui coopèrent avec des officiers contre délinquants, grévistes, militants ou élus gênants.

Comme l'armée en découd aussi de façon classique, ouverte avec la guérilla, la violence politique déborde: environ quatre mille morts (dont 475 guérilleros et 327 soldats) en 1988. Cette année-là, selon les calculs d'un centre de documentation des jésuites, onze personnes meurent chaque jour en Colombie pour des raisons idéologiques: trois sont tuées en combattant, une disparaît, sept sont assassinées à leur domicile ou dans un lieu public. C'est sur cette toile de fond qu'«El Patrón» lance sa guerre. Une vraie guerre, au sens de Clausewitz, «la poursuite de la politique par d'autres moyens».

L'ouverture est tonitruante. L'avant-veille du meurtre de Galán, un haut magistrat, Carlos Valencia, est criblé de balles à Bogotá, quinze minutes après avoir signé un mandat d'amener contre «El Patrón». Dès le lendemain, la démission des 4 600 magistrats du pays montre que la justice ne peut plus affronter les «mafias». La police, elle aussi, se trouve débordée : son responsable en Antioquia, le colonel Valdemar Franklin, est assassiné quelques heures avant Galán.

C'est donc l'armée — Escobar tient sa guerre — qui se charge, en réponse au meurtre de Galán, des perquisitions et des saisies par centaines, des interpellations par milliers. La presse montre des soldats en tenue de combat au domicile de trafiquants: reflets des bottes sur les sols de marbre, contraste des armes d'acier et des robinets d'or, visages tendus devant les rondeurs des toiles du peintre Botero. La même représentation se joue en version rupestre (avec occupation de propriétés agricoles) et technique (perquisition d'entreprises, saisies d'avions, etc.). Ce sont des grandes manœuvres assez vaines: aucun «capo» d'envergure ne tombe dans les premiers mois, même si Escobar frôle la chute, au moins une fois.

Le 22 novembre, il s'enfuit, en compagnie de Jorge-Luis Ochoa, autre leader du «cartel», juste avant l'intervention d'Elite (une unité de la police au nom français) à la propriété El Oro au bord du Cocorna, une rivière en Antioquia. L'opération, menée grâce à une dénonciation, a un écho considérable, mais l'interrogatoire de la soixantaine de personnes appréhendées montre que le commandant en chef de la «guerre totale» dispose de réseaux de communication et d'espionnage propres à le protéger. Formé par les policiers et les militaires qu'il a débauchés, Escobar s'en remet à la maîtrise de l'information. Son chef de la sécurité est un ex-capitaine de la police. Il l'a installé avec quelques gardes du corps, derrière un double cercle de protection: le premier filtre les visites et surveille les déplacements terrestres et fluviaux dans un rayon de trois à cinq kilomètres; le second, placé sur des hauteurs, jusqu'à cent et parfois deux cents kilomètres, suit les vols d'hélicoptères de l'armée et de la police, seul moyen d'attaque rapide contre lui. En outre, des guetteurs veillent en permanence devant les bases, notamment du 4e bataillon de Medellín, d'où une action peut être amorcée. Enfin, il a corrompu des officiers qui l'avertissent des opérations entreprises contre lui.

Quiconque arrive jusqu'à lui, comme à El Oro, ne peut le faire sans que les responsables de sa sécurité soient alertés grâce aux liaisons radio entre les éléments de ce dispositif de plusieurs centaines de personnes où la garde rapprochée et les jeunes femmes qui lui tiennent compagnie sont seules à apprendre où se trouve « El Patrón ». S'il a reçu trop de visiteurs, il change de lieu de résidence. Il reste en contact avec l'extérieur grâce à la lecture de toute la presse et à l'emploi de plusieurs téléphones par satellites et de radios-VHF relayées par des émetteurs placés à des dizaines de kilomètres. De plus, ses brouillages anti-écoutes valent ceux de ses adversaires. Et il dispose toujours de plusieurs itinéraires de fuite.

Au total, il se défend avec compétence et sa guerre brille, dans l'horreur, d'un éclat qui ne laisse pas de surprendre. C'est une vraie « guerre totale » puisqu'elle offre tout : démonstration de force, avec la destruction simultanée de sept agences du « Banco Cafetero » (sorte de Crédit Agricole pour le café) ; ravages ciblés aux sièges d'*El Espectador* ou de la DAS ; intimidation, telle celle de la ministre de la Justice qui, pour garder son enfant, laisse son poste en avouant : « Je suis une ministre pour les temps de paix, pas pour les temps de guerre»; terrorisme aveugle, par l'explosion de 18 voitures piégées faisant 93 morts et 450 blessés dans cinq villes au printemps de 1990; dégâts contre la propriété, lors de milliers d'attentats à la dynamite contre hôtels, usines, commerces; démoralisation des forces de l'ordre, avec le paiement de primes, à Medellín, pour tout meurtre d'agent de la circulation (2 millions de pesos) ou de membre d'Elite (5 millions); tortures avant exécution des déserteurs, traîtres et membres du «cartel de Cali»; assassinats d'otages, telle Diana Turbay, la fille d'un ex-président de la République. C'est sanglant au total, et aussi vain que l'action de l'autre camp, et curieusement contemporain.

Alors que l'existence d'«El Patrón» n'éclaire que les Amériques où il fit carrière, ce déferlement de fureur et de morts met à nu l'usage médiatique universel de la violence. Cela dément l'idée qu'il est possible d'user d'un «choc» informatif pour aider un lecteur ou un spectateur à comprendre. Passé un certain seuil d'accumulation, la violence n'est qu'énergie pure, il lui est impossible d'être davantage. Lui donner une signification serait l'affaiblir quand elle se veut, quand elle se présente, comme dans la «guerre totale», à la façon d'un paroxysme. C'est cette contradiction entre la force et le sens des choses qui pose un choix insoluble à Escobar. Répondant au questionnaire d'un journaliste, en des temps plus paisibles, il a offert sa définition de la vie, «un espace de temps empli de surprises agréables et désagréables ». Pour n'être faite que d'éléments de la seconde collection, sa guerre perd toute vie, elle devient inerte. Elle n'a plus d'objectifs perceptibles: lutte contre l'extradition, défense des biens mal acquis, vengeance, etc.; elle n'a qu'un seul message à marteler: «Vive la mort», le «cri nécrophile et insensé» qui indigna Miguel de Unamuno avant la guerre d'Espagne, et que dément à chaque instant le souffle des vivants.

Je me souviens de Medellín au début de cette fête macabre. La sensation de force inéluctable de cette métropole au travail, même la nuit, en dépit du couvre-feu. Le ciel bleu comme jamais. Partout, ces patrouilles à trois de motocyclistes de la police montés sur des engins tout-terrain et tenus par le règlement de revêtir une tunique de toile orange marquée d'un numéro qui les faisait ressembler aux concurrents d'un raid à moto. Tout déplacement dans la ville s'apparentait à une course dangereuse, voire mortelle, mais il n'y avait aucun abandon. On frôlait les carrioles des glaciers en se souvenant que l'une d'entre elles avait contenu une vraie bombe, glacée. On passait en voiture devant la fabrique des Liqueurs d'Antioquia que deux roquettes avaient manqué de flamber comme en cuisine. On répétait la définition de la loi des mauvais quartiers, selon le cinéaste Victor Gaviria: «Une seule loi, la loi de la gravité.» On allait voir si les «narcos» mettaient des cierges à San Judas — pas plus que de coutume. Quelle guerre est une guerre où les mortels ne mobilisent pas les saints?

Rien ne frémit d'ailleurs quand, à deux reprises, les Extradables suspendent les hostilités. La première fois, ils offrent un délai de réflexion paisible aux parlementaires invités à soumettre le principe de l'extradition à référendum. Cela ne donne aucun résultat; les élus, après avoir hésité, surmontent leur peur ou leur corruption à l'annonce de la mort de Rodríguez Gacha, «le Mexicain», tué avec l'aide discrète d'agents américains. Le second cessez-le-feu ne produit pas plus d'effet, mais il contient un aveu. Il est décrété en janvier 1990, avant la tenue d'un sommet antidrogue, en Colombie, entre le président américain George Bush et les chefs des Etats andins. «El Patrón» livre alors à la police trois laboratoires clandestins dans la jungle de Darien, près du Panamá. Il libère des otages de choix (des proches de la famille du président Barco et le fils du secrétaire général de la présidence). Ses gestes de paix sont appuyés d'une lettre des Extradables promettant la fin des envois de drogue et la remise des armes s'ils sont autorisés à réintégrer leurs familles et à vivre dans leur région. Suivent quelques mots, perles semblables aux fragments d'inconscient que cherchent les analystes et qui, *obiter dicta*, avouent l'essentiel en passant: «Nous acceptons le triomphe de l'Etat.»

Faute d'avoir un adversaire, Escobar l'invente en lui attribuant la victoire. Les circonstances choisies — cette visite de Bush — suffisent pourtant à prouver que seul l'Etat américain importe. «El Patrón» qui, comme dans toute guerre, communique avec le camp adverse, sait qu'il lui est impossible de trouver un interlocuteur. Lui-même s'exprime derrière un masque: les Extradables. On peut l'expliquer par sa situation de criminel. Mais il dialogue, par lettres publiées dans la presse, avec les Notables (une commission composée notamment d'ex-présidents de la République, d'un cardinal) et qui font rapport au président Barco. On peut avancer à nouveau que la morale impose au pouvoir exécutif de tenir ses distances avec le crime. Mais, parmi les thèmes débattus, figurent les «Paramilitaires», ces milices clandestines où des officiers de l'armée régulière agissent dans l'ombre. Là encore, on peut imaginer un pouvoir militaire embarrassé. Mais la justice confie pour sa part les affaires de drogue, les plus importantes, à ceux qu'on nomme « les juges sans visage » puisqu'ils restent anonymes, au sein d'une instance qui n'est elle-même qu'une enveloppe...

Cette construction du pouvoir à la façon des poupées gigognes, je l'ai vue à l'œuvre, un soir orageux, lors de la relève de la garde d'honneur, place Bolívar à Bogotá. Le lieu a du souffle: large place carrée avec quelques maisons coloniales, l'Hôtel de ville, le Congrès, une cathédrale, une chapelle et le Palais de justice ou plutôt la ruine qui en resta, longtemps après les assauts des guérilleros du M-19, puis de l'armée. On peut ironiser sur la phrase du général Santander portée en lettres dorées sur la façade longtemps calcinée de cet endroit où plus de cent personnes ont péri: «Colombiens, les armes vous ont donné l'indépendance, les lois vous donneront la liberté.» Mais la garde d'honneur, qui sert Congrès et présidence, a le talent de retenir badauds et touristes. Son uniforme, dessiné par Bolívar, a le clinquant bigarré des figurines d'un manège: pantalons à bandes, dolmans rouges à brandebourgs et hauts shakos bleus surmontés d'un plumet. Quant à la manœuvre, elle tourne rond. Ce soir-là pourtant, dans une lumière presque éteinte par la fin du jour et la venue d'un orage, je remarquai un homme en tenue de camouflage, armé d'un fusil et sautant sur un toit. Etait-ce un guérillero? Un mercenaire des «narcos»? Un soldat? Puis j'en vis un autre derrière la mire d'un fusil, puis un autre, et d'autres encore, sur les toits, dans des embrasures de fenêtres, en des lieux impossibles. « Ce sont des soldats. Ils empêchent que l'on attaque la garde qui manœuvre, m'expliqua ensuite un membre du cabinet présidentiel.

—Si je les ai vus, d'autres peuvent les voir et les attaquer.

—Que crois-tu? répliqua-t-il. La vraie garde, opérationnelle en cas de coup dur, ne se montre pas, mais elle est là et protège les soldats qu'on voit protéger la garde protocolaire.»

Ce jeu de palimpsestes lorsque le pouvoir feint de se donner à voir, c'est le talent d'un continent qui associa si longtemps autorité et souffrance infligée. L'Amérique latine est issue d'une histoire de violences, de désordres: sang de la conquête, pillages, corruption, économie coloniale, bureaucratie de la couronne d'Espagne, caciquisme. Elle a été faite, selon Bolívar, par des gens «abstraits et, pour tout dire, absents de l'univers en ce qui concerne la science du gouvernement et l'administration de l' Etat» et qui, sitôt leur indépendance gagnée, ont importé l'Etat-nation, un modèle en rodage en Europe, et totalement exotique sur leur continent. Chartes républicaines, institutions libérales ont proclamé l'avènement du classicisme démocratique: régime parlementaire, séparation du civil et du militaire, du privé et du public. Aucun de ces principes n'a été remis en question ensuite, mais près de deux siècles plus tard, les palais des gouvernants restent un peu les théâtres d'un pouvoir venu d'au-delà des mers à la façon d'un rêve. Partout, le pays réel se dissimule derrière une façade constitutionnelle en trompe-l'œil.

Les Latino-Américains sont sur ce plan très prévenants avec les Occidentaux. Ils cachent que leurs pays sont plus complexes que de simples démocraties parlementaires, ils les rassurent: voyez, nous sommes comme vous, semblent-ils dire, en présentant le reflet d'institutions imaginées par d'autres. Pour la presse internationale, le FMI, les banques, les Etats-Unis, l'Europe, ils glissent les mots qu'il faut dans le concert gris de l'information: président, modernisation, futur, jeunesse, développement, législation, financement, étudiants, partis, élections, entrepreneurs, intégration, aménagement... Il n'y a qu'« El Patrón», prisonnier de sa guerre impossible, pour dévoiler qu'il s'agit des mots d'une fiction; un autre monde existe, et «El Patrón» le sait puisqu'il ne peut s'en saisir.

Qui pourrait même s'y retrouver dans l'ouragan qui balaie la Colombie durant le premier semestre de 1990? Une superposition de menaces, meurtres, attentats, représailles pour la plupart non revendiqués. Deux autres candidats à l'élection présidentielle sont abattus: Bernardo Jaramillo, de l'Union patriotique, et Carlos Pizarro, chef des guérilleros du M-19 reconvertis dans la politique. Les autres candidats finissent la campagne vêtus de gilets pare-balles. «Celui qui reste vivant, affirme la plaisanterie à la mode, est déclaré vainqueur de l'élection.»

Avec 3 160 meurtres en six mois, dont plus de deux cents policiers, Medellín bat ses records. Un assassinat tous les trois quarts d'heure, contre deux par jour dix ans plus tôt. Les mitraillages sont si fréquents que le surnom affectueux de la ville, « Medallo », devient «Metrallo». C'est une surenchère entre l'argent et la vengeance. Les primes versées par Escobar pour chaque policier abattu favorisent les vocations d'assassins. En retour, des policiers en civil massacrent aveuglément des jeunes gens dans les quartiers populaires où se recrutent les tueurs. Il y aussi des règlements de comptes entre bandes rivales sur les marchés du crime, l'élimination d'exportateurs de cocaïne pour retard dans le paiement de leurs commissions, les meurtres toujours précédés de sévices dans la guerre entre les cartels de Cali et de Medellín, les mitraillages réalisés par les milices liées aux militaires ou à l'extrême droite, sans oublier le crime, le banal crime crapuleux pudiquement nommé «violence sociale».

En vérité, tout le monde tue. La narco-guerre est un carnage où parmi les morts nul n'est certain de reconnaître les siens. Les «narcos» respirent là dans leur culture. Pour certains fonctionnaires, en revanche, vivre dans cette lutte est usant. La police de Medellín enregistre près de quatre cents désertions et démissions. Dans d'autres corps de sécurité, les fonctionnaires se vengent de leur peur en mettant à mal le règlement. La volonté de tuer plutôt que d'appréhender, les disparitions de personnes détenues par les forces de sécurité sont de plus en plus souvent dénoncées par les «narcos». Leurs accusations se fixent sur l'unité Elite de la police. Elle est stationnée, en Antioquia, avec le DAS et la Dijin (la direction de la police judiciaire), dans l'école Carlos Holguín. Là, les interrogatoires de suspects, selon des témoignages concordants, sont appuyés de tortures — asphyxie, électrocution. Escobar, à la façon de l'hôpital qui rit de la charité, veille à ce que chaque communiqué des Extradables mentionne les atteintes aux droits de l'homme. Les Etats-Unis dénoncent pour leur part le détournement par l'armée, afin de combattre la guérilla, de l'essentiel d'une subvention de 65 millions de dollars, contribution exceptionnelle de Washington à l'occasion de la

« guerre totale ». Quant au président Barco, il n'est pas plus satisfait puisque, quelques semaines avant de quitter le pouvoir, contre tous les usages, il remanie sans explication des postes clés de l'armée, de la police et de la Dijin.

La direction des forces luttant contre Escobar est chahutée. Le président élu, César Gaviria, est l'héritier direct de la «guerre totale» : il a succédé à Galán comme candidat libéral. Il est évident que l'empreinte d'«El Patrón» est de plus en plus marquée sur la vie du pays au début de l'été 1990, mais l'absence d'un véritable Etat, d'une autorité s'exerçant de manière continue dans le pays, le prive de cibles significatives. «Le gouvernement actuel de la Colombie ne suffit pas pour mettre en ordre et administrer ses provinces étendues», notait Bolívar à la fin de sa vie. Cent soixante ans plus tard, Escobar établit à sa façon le même diagnostic. Impossible de s'imposer à un adversaire insaisissable.

L'Etat colombien est le «monstre froid» que Nietzsche salue en chaque Etat, ni plus ni moins qu'un autre. En revanche, il est beaucoup moins présent et donc inatteignable. Des parties entières de son territoire échappent à son contrôle — les conquérir n'aurait aucun sens, «El Patrón» ne serait qu'un concurrent de plus sur un marché déjà disputé par guérilleros et colons. L'Etat n'assume pas non plus l'intégralité de sa tâche classique de battre monnaie, puisqu'il laisse l'inflation et les dollars du «guichet de gauche» empiéter sur sa fonction — mais le dollar est aussi le nerf de la guerre pour Escobar qui ne peut rien faire, là non plus. Quant à l'intégration sociale et à la sécurité, les deux autres grands devoirs dont l'Etat colombien s'acquitte respectivement mal et très très mal, la richesse et la violence des «narcos» les empêchent de se poser en apôtres crédibles sur ce terrain. L'impôt, objet possible d'une confrontation, a été mis à profit dès le début des hostilités: «El Patrón» a «invité» les trafiquants à financer ses efforts, tandis que le gouvernement établissait un «impôt de guerre» majorant de 5 % les versements au fisc des entreprises. Cette symétrie va de soi sur un continent convaincu que l'Etat n'est qu'un racket parmi d'autres, celui du «señor gobierno» (M. le Gouvernement) comme disent les paysans andins, mais avec un avantage: l'impunité de ceux qui s'en réclament. Selon la métaphore que m'a apprise un trafiquant d'émeraudes, la classe politique travaille dans une «industrie sans cheminées», où existe le bénéfice du produit sans les traces d'aucune production.

Les historiens affirmeront peut-être que le tournant de la «narco-guerre» réside dans la publication, le 5 septembre 1990, du décret 2047 assurant une peine réduite et la non-extradition aux trafiquants de drogue qui se livrent à la justice. Il me semble pourtant qu' Escobar a déjà pris son virage. Il a mesuré les limites de sa «guerre totale». Au milieu de l'été, convaincu de ne pas toucher son adversaire, «El Patrón» ordonne de raboter le plus voyant, le plus cruel de sa violence: plus d'attentats aveugles à la bombe, plus de meurtres de policiers. Il s'en remet à la stratégie des impuissants qui affectent de gouverner: communiquer. L'enlèvement de neuf journalistes (dont la fille d'un ex-président assassinée ensuite) assure la publicité d'une guerre qui n'est plus ni totale ni même une guerre. Messages des Extradables, lettre des otages, confidences de «bonne source» des autorités produisent assez de déclarations pour assurer une mise en scène solide dans les médias. Le nombre des morts descend, mais «El Patrón» reste tout aussi présent.

La mort, mitraillette au poing, de son cousin, Gustavo de Jesus Gaviria, au début du mois d'août, a dû l'affecter de façon considérable. Elle le prive d'un complice et de son responsable du trafic de cocaïne. Ses ressources s'en trouvent forcément affaiblies. Les familles fortunées d'Antioquia s'en rendent compte: le «cartel» recourt dès lors à l'enlèvement avec rançon de 500 000 à 1 million de dollars.

La fin de la guerre n'appartient pourtant ni à Escobar ni au nouveau président, qui a reconnu dans son discours inaugural que «le narco-terrorisme est aujourd'hui la principale menace contre notre démocratie». En fait, la démocratie a commencé par se défendre seule, sans Président ni institutions. La presse internationale ne l'a pas toujours remarqué, tant elle confond démocratie et élections. Mais la démocratie trouve parfois des voies plus directes, des voix spontanées. Et dans ce cas précis, en Colombie, c'était indispensable car l'Etat colombien a pour spécificité d'appartenir en propre à une minorité du pays. Son chef, le président de la République, est tantôt membre du Parti libéral, tantôt du Parti conservateur, deux formations qui se sont opposées jusqu'à se faire la guerre. Rien ne ressemble pourtant davantage à un dirigeant libéral qu'un dirigeant conservateur. Ils vivent dans la même zone nord de Bogotá, leurs enfants vont dans les mêmes universités, ils se marient entre eux et se retrouvent dans les mêmes avions pour Miami où leurs épouses font leur shopping. L'ex-président López Michelsen, le promoteur du «guichet de gauche», avait une façon savoureuse d'expliquer cela aux journalistes étrangers avant la chute du mur de Berlin: «Dans les pays de l'Est, disait-il, une élection est une course de chevaux avec un seul cheval; chez nous, il y a deux chevaux au départ, mais ils ont le même propriétaire.»

La Colombie, qui n'a jamais connu de grands partis populistes comme l'Apra au Pérou, le PRI au Mexique ou le justicialisme des péronistes argentins, a gardé plus qu'aucun autre pays une classe oligarchique qui, avec des différences savamment et sincèrement entretenues, maintient une influence hégémonique sur la vie politique du pays. «Les Libéraux boivent en public et prient en privé, tandis que les Conservateurs prient en public et boivent en privé», dit une plaisanterie colombienne vieille comme le siècle. La démocratisation de la vie politique a tant progressé ensuite que le colonel Aureliano Buendía, le héros du roman *Cent ans de solitude*, la résumait en remarquant que la seule différence entre Libéraux et Conservateurs, c'est que les Libéraux vont à la messe de cinq heures et les Conservateurs à celle de huit heures.

Cette classe dirigeante n'a pas pu gagner la «narco-guerre», pas plus qu'Escobar, mais elle ne peut pas davantage proclamer une sorte de match nul assimilable, dans sa position, à un abandon de l'Etat. «El Patrón», qui évoque explicitement son «combat contre l'oligarchie», ne peut pas renoncer non plus à la lutte sous peine de perdre son autorité. La seule solution, en théorie, est de faire disparaître les deux protagonistes avec le cadre de leur combat. Miracle de la démocratie directe, coup d'un maître politicien qui reste masqué ou ras-le-bol devant la violence ? Le mouvement paraît se dessiner de lui-même, monter vers le pouvoir. «El Patrón» promettait la guerre totale et il en résulte une volonté d'abattre totalement la façade constitutionnelle qui cache la Colombie réelle.

Sous le nom «Nous pouvons encore sauver la Colombie», des étudiants de 172 facultés et lycées du pays proposent d'utiliser les élections municipales de mars 1990 afin d'introduire dans les urnes des bulletins illégaux demandant la convocation d'une Assemblée constituante. Ils sont assez suivis pour que le sort de leur initiative devienne une demande politique majeure posée dès le dépouillement du scrutin. Et là, nul n'ose s'exprimer contre la demande de changement. La Colombie possède la plus vieille constitution d'Amérique latine, promulguée en 1886. Chacune de ses réformes a été un feuilleton politicien : accord des Libéraux et des Conservateurs et approbation du Congrès étaient nécessaires et rarement réunis. Il est temps, dit-on, de refondre tout le texte. Le mouvement M-19, qui a abandonné la guérilla pour revenir à l'action politique, appuie l'initiative. Elle se confond du coup avec le souhait confus de l'adieu aux armes, de la fin de la violence contre les innocents et d'une nouvelle règle pour un système politique contraint de récupérer l'initiative étudiante afin de résoudre le principal problème du pays.

Les présidents Barco puis Gaviria trouvent des ressources légales pour que l'idée soit soumise au vote populaire. Ni la Cour suprême, ni les mouvements de guérilla, ni « les Extradables » ne s'opposent au processus. Les Etats-Unis, occupés par la guerre du Golfe, mettent en sourdine leurs demandes d'extradition en échange de l'appui diplomatique de Bogotá aux actions entreprises contre l'Irak. Ce n'est pas encore la paix; c'est déjà un consensus sur la nécessité de la paix. Libéraux et Conservateurs qui avaient résisté, ensemble, dans les dernières décennies, contre les défis à leur pouvoir posés par une volonté de dictature militaire et par la montée de l'Anapo, un parti populiste, cèdent cette fois malgré les incertitudes de ce renouveau. Il ne manque pas même le rituel épisode du «dialogue pour la paix» entre représentants du gouvernement et des mouvements de guérilla. On évoque souvent le repos nécessaire aux guerriers, mais la guerre elle-même connaît aussi des moments de lassitude.

En janvier 1991, lorsque l'unité Elite abat les deux derniers tueurs de la bande Los Priscos, l'entreprise qui a effectué, en sous-traitance, les meurtres les plus difficiles commandités par Escobar, la réaction d'«El Patrón», qui commandite quelques assassinats et attentats, semble déjà, pour partie, hors du contexte qu'il a provoqué. Il semble aussi maladroit que l'armée qui, le jour de l'élection de l'Assemblée constituante, attaque à La Uribe, dans le département du Meta, la Maison verte, siège du principal mouvement de guérilla, les Farc. Le lieu a le statut d'une sorte d'asile avec un radio-téléphone rouge reliant les combattants à la présidence de la République pour les cas d'urgence. Les guérilleros déclenchent à leur tour une vague d'attentats, d'embuscades et de meurtres le 5 février 1991, lorsque l'Assemblée commence ses travaux. Dans les deux cas, soldats et guérilleros semblent être des combattants perdus hors d'une Histoire qui se veut pacificatrice, réformatrice.

L'alchimie politique a pris un an et demi, temps nécessaire pour passer de la guerre totale promise par Escobar à l'ouverture des travaux de l'Assemblée nationale constituante, co-présidée par un ancien guérillero du M-19 et un Conservateur jouissant d'une réputation établie de réactionnaire. Aucun *happy end*, loin s'en faut. Le revirement n'en est pas moins fulgurant, du criminel au constitutionnel. Est-ce parce qu'Escobar avait placé si haut les enchères dans sa volonté de guerre (cette «poursuite de la politique par d'autres moyens») que la réaction affiche autant d'ambition: le changement de la politique au moyen d'une charte neuve?

Entre la Constitution de 1886, qui doit disparaître, et la suivante pas encore née, le pays va vivre entre parenthèses. Aux «narcos» d'en profiter s'ils veulent regagner la légalité. Mais il leur faut faire vite. En Colombie, les moments sans violence ne sont que des intermèdes.

VI

LA VIOLENTOLOGIE

S'il faut en croire Pablo Escobar, c'est la justice française qui l'a poussé à aller en prison. Condamné par contumace à vingt ans de détention pour l'envoi de 400 kilos de cocaïne vers les Antilles, «El Patrón» se livre dans son pays afin, dit-il au magistrat qui le reçoit, d'être jugé selon la législation colombienne. Il n'avoue la participation à aucun autre crime. Ses avocats sont convaincus qu'on produira peu de preuves matérielles contre lui. Il peut espérer une condamnation à trente ans de prison, toutes peines confondues. Grâce au décret 2047 et à d'autres dispositions favorisant la reddition des «narcos», il serait libre après cinq ou six ans de détention.

Aucun code pénal, dans aucun pays du monde, ne punit aussi légèrement les crimes qu'«El Patrón» a commis ou ordonnés. Toutefois, en Colombie, sa déclaration de guerre lui assure d'être mieux traité qu'un simple criminel. Elle le place, avec ses « Extradables », dans l'immense saga des amnisties et remises de peines de son pays. A 57 reprises déjà dans l'histoire de la Colombie, dont trois fois dans les années quatre-vingt, un pardon a été décrété ou voté afin de réincorporer à la vie civile les soldats de guerres partisanes, les bandits, rebelles et guérilleros qui ont porté les armes contre leurs compatriotes, les forces armées et la force publique. Les combattants de la « guerre totale » peuvent espérer le même traitement, à leur retour sur le chemin de la paix. Escobar y avance déjà, guidé par la grâce d'un prêtre connu de tous.

Le père Rafael Garcia Herreros apparaît chaque jour, à 7 h 29, sur la première chaîne de télévision, pour un fulgurant programme sacerdotal de soixante secondes, «La minute de Dieu». Le titre de son émission désigne aussi un quartier de logements sociaux bâti par ses soins à Bogotá. De tempérament résolu, voire autoritaire, il interdit la minijupe dans ses immeubles et combat les propos trop libres. Chaque année, il invite les riches, Libéraux et Conservateurs, dans «Le salon rouge», le meilleur salon du Tequendama, un hôtel cossu de la capitale. Il leur vend pour une fortune un bol de bouillon et un pain servis par les reines de beauté du pays. C'est le Banquet du million, immanquable événement caritativo-mondain où ceux qui ne mangent pas pour leur argent se voient promettre un remboursement dans l'au-delà, s'ils le méritent. Le père Garcia Herreros sait traiter une audience. Celle de son émission de télévision s'envole lorsqu'il l'utilise pour transmettre des messages dans sa tâche d'intermédiaire entre «El Patrón» et le gouvernement.

«Nous parlons de Pablo» (Paul), dit certains soirs le prêtre, sans préciser aux téléspectateurs s'il s'agit de l'évangéliste ou du trafiquant de cocaïne — il n'a rencontré que le second, à plusieurs reprises. C'est évidemment dans ces moments de surréalisme télévisuel où Dieu et le crime passent ensemble à l'antenne que la Colombie touche au sommet de son plus grand talent: son naturel dans les scènes invraisemblables.

Une des plus réussies reste l'arrivée d'«El Patrón», le 9 juin 1991, dans la prison qu'il a choisie et fait aménager à Envigado, aux portes de Medellín. Il descend d'un hélicoptère, en compagnie de cet ecclésiastique capable de traiter la question de Dieu en soixante secondes, et déclare: «Je ne pouvais rester indifférent aux désirs de paix de l'énorme majorité du peuple colombien.» Ce tardif acte de foi pacifiste s'assortit d'un mensonge: la récusation de tout lien avec l'assassinat des trois candidats à la présidence — ce qui, dans le cas de Luís Carlos Galán, reste invraisemblable. Avec un culot époustouflant, Escobar s'en prend aussi aux «ennemis de la paix qui guettent encore. Je viens d'arriver à la prison, s'indigne-t-il, et ils disent déjà que je vais commettre des délits à partir de là ».

Changer ou pas? est pourtant la question posée à tous les Colombiens, à cause d'Escobar. Par cupidité, par entêtement, par refus d'être raisonnable, « El Patrón » touche au rêve de tant de révolutionnaires: il transforme son monde par la terreur et le chaos. Pourtant, toutes les violences, l'Histoire en témoigne, se sont toujours retournées contre les organisations armées (soviets, fronts, guérillas,...) qui les ont mises en œuvre. Lorsqu'elles ont pris le pouvoir, une sorte de péché originel les a condamnées au totalitarisme ou à l'injuste assujettissement de ceux dont ils avaient pris le contrôle par la force. Rien de toui cela avec Escobar. Avec lui, tout est simple comme un transfert d'énergie, un pur carambolage du crime à la politique. La violence dans laquelle il a plongé son pays a mis en marche le changement politique. Alors qu'il entre en prison, l'Assemblée constituante en termine avec la rédaction de la nouvelle charte. Le M-19, rendu à la vie électorale et parlementaire, est le groupe le plus nombreux au sein de cette Assemblée. Un autre groupe de guérilla (PRT) a déposé les armes, deux autres (EPL et Quintin Lame) négocient des accords de paix. La Colombie vit un de ces élans d'amnésie délibérée qui lui font sceller une réconciliation en prétendant oublier ses morts.

« Quand les Colombiens parlent du passé, note la romancière américaine Joan Didion, j'ai souvent eu le sentiment de me trouver en un point où l'Histoire, même si elle a eu lieu, tendait à se noyer dans la solitude sans trace de l'autosuggestion.» Se dire, se dire à toute force que rien ne s'est passé reste le seul moyen de s'accommoder d'une Histoire écrasante qui compte 63 guerres, mini-guerres civiles et conflits régionaux au XXe siècle, avant une guerre civile immense, la «guerre des Mille Jours» (1899-1902), laissant cent mille morts dans un pays qui ne devait pas compter 4 millions d'habitants. Ce qui suit est pourtant pire: vingt années, de 1946 à 1966, désignées comme «la Violencia» (la violence) et qui constituent une tourmente dépassant l'affrontement entre deux camps. Ce qui demeure probablement la plus forte mobilisation spontanée de paysans et de groupes de civils armés de l'histoire récente provoque plus de 250 000 morts dans le pays par massacres, actions de guérilla, meurtres, vengeances et affrontements divers d'une sauvagerie inégalée en Occident.

Escobar a l'âge de cette catastrophe. Pour reprendre la classique formule colombienne, il est «un enfant de la violence». Il naît dans un pays où le couvre-feu régnait sans empêcher les meurtres. Il grandit sur une terre où cohabitent banditisme, «républiques indépendantes» des mouvements communisants, mouvements paysans d'autodéfense, fronts des multiples guérillas et criminalité ordinaire, du guet-apens à la mortelle rixe d'après-boire, le samedi soir, dans les *«cantinas»*. Jamais il n'a pu croire que l'art de l'assassinat soit une vocation qui n'appartienne qu'à lui. Quand, au début de la «guerre totale», le gouvernement promet pour la première fois une récompense pour la capture d'Escobar, il vient tout juste d'offrir 10 millions de pesos pour l'arrestation de Manuel Pérez, dit «Poliarco», l'ancien prêtre guérillero de l'ELN, qui commandera bientôt le premier assassinat d'un évêque. Lorsqu'« El Patrón» fait sauter le journal *El Espectador* — et se taille la réputation qu'on imagine auprès de la presse du monde entier —, son action n'atteint pas les résultats d'un attentat antérieur, le 6 septembre 1952: incendie de tous les locaux, perte de l'unique collection complète du quotidien et dix jours sans parution. «El Patrón» n'est en rien un cas isolé dans un pays qui compte un taux de plus de 80 assassinats par an pour 100 000 habitants (83 en 1982; soit 28 237 meurtres), neuf fois le taux des Etats-Unis, plus de vingt fois celui de la France.

L'homicide reste la première cause de mort en Colombie chez les hommes entre 15 et 44 ans. Il faut jauger l'aventure d'Escobar à l'aune de cette violence. C'est un avatar historique mineur — quelques milliers de morts en une grosse décennie. C'est même une petite et courte randonnée en regard de la campagne de Manuel Marulanda, dit «Tirofijo» (tir à coup sûr) qui, après quatre décennies complètes à la tête des Farc, la guérilla prosoviétique, ne parle ni de retraite personnelle ni de désarmement des milliers de combattants.

Dans la légende des *«bandoleros»* (bandits) et guérilleros, dont la Colombie n'est pas avare, Escobar occupe une place qui ne lui correspond pas. Si on saluait les deux qualités qu'il ne partage avec nul autre, l'abondance des ressources qu'il a captées — en dollars, et aux Etats-Unis qui plus est — et le montage d'une industrie aux larges débouchés, il devrait plutôt figurer, au premier rang, dans la saga des entrepreneurs du crime. Au lieu de cela, les médias occidentaux retiennent sa seule qualité d'apôtre de la violence. Un trait dont est paradoxalement absous le seul autre personnage colombien découvert par le monde entier, dans la seconde moitié du XXe siècle, le colonel Aureliano Buendía, héros de *Cent ans de solitude*. Il a le bonheur, lui, de tomber de la plume du romancier Gabriel García Márquez. Les lecteurs rendent donc les honneurs au combattant légendaire affecté au bataillon du «réalisme magique» dans l'armée littéraire de son continent. Mais parce qu'il s'agit et de réalisme et de la Colombie, il faut plutôt parler de réalisme guerrier. Le colonel est à l'origine de 32 soulèvements armés, il échappe à 14 attentats, 63 embuscades, un peloton d'exécution et il «ne peut s'empêcher de penser à la guerre», écrit García Márquez. La fin de la guerre des Mille Jours ne l'apaise pas puisqu'il «disparaît dans les étroits défilés de la subversion permanente». Sa guerre est «sans avenir», mais lui se bat «par orgueil», précise le romancier qui le lance dans des affrontements désespérés afin qu'en dernier ressort, par talent, par dédain de la mort, l'officier puisse «remporter une défaite beaucoup plus difficile, beaucoup plus sanglante et coûteuse que la victoire elle-même».

Cent ans de solitude n'est «magique» qu'aux yeux de ceux qui ne veulent rien savoir de la Colombie. Car ce roman, le plus fameux, le plus universel des romans publiés depuis la Seconde

Guerre mondiale, la seule œuvre contemporaine qui rivalise avec *l'Odyssée* par sa portée cosmique, celle dont on dit, à juste titre, sur tous les continents, qu'en relatant l'histoire du village de Macondo, elle raconte l'odyssée de toute société humaine, ce roman reste hanté par «la Violence», par la vie des hommes durant un affrontement sauvage. Et, davantage encore, par leur vie après.

«Une guerre est plus facile à commencer qu'à finir», découvre Aureliano Buendía. Voilà le drame de Pablo Escobar durant le premier semestre de 1991, quand ses avocats, son «curé-minute», ses messages signés des Extradables préparent sa reddition. Les décrets applicables aux «narcos» repentis — 2047, 2147, 3030 et 303 — balisent son itinéraire vers la paix. Le trajet semble sûr: l'Assemblée constituante refuse le principe de l'extradition; le président Cesar Gaviria se contente de la confession d'un délit; les trois frères Ochoa, qui se sont rendus, se disent en sécurité parmi les détenus de la prison d'Itagüi. Mais «El Patrón» est prêt à tout, sauf à ce dernier risque: il veut ses hommes près de lui. Et, tant qu'à faire, dans sa propre prison, sa «Cathédrale», avec son personnel, ses abris secrets, sa défense terrestre et anti-aérienne.

A en juger par le soin avec lequel ses représentants posent les problèmes à l'envers, une prison abritant «El Patrón» doit moins être un endroit dont il est impossible de s'évader — les faits prouvent le contraire — qu'un lieu où il est impossible de pénétrer. Cette inversion symbolise un retournement de l'histoire: désormais, Escobar est plus chassé que chasseur, son incarcération le prive moins de liberté qu'elle ne le protège. Son plus vieil ennemi, l'Amérique, minore pourtant son importance: la DEA commence à affirmer que le centre de gravité du trafic colombien de cocaïne se déplace de Medellín vers Cali. Là, les leaders du cartel poursuivent leur lutte amorcée contre «El Patrón» trois années plus tôt avec l'attentat contre l'immeuble le Monaco. Après un envoi de mercenaires britanniques (à bord d'un hélicoptère qui tombe en panne avant l'attaque) sur l'Hacienda Nápolès, puis des attentats contre les biens et des meurtres de collaborateurs d'Escobar, les frères Rodríguez Orejuela, qui mènent le conflit, selon les messages des Extradables, jugent plus efficace de donner au DAS et à l'unité Elite des informations sur leurs concurrents.

Les «narcos» retrouvent là un comportement récurrent au long de l'histoire de la Colombie où les conflits de factions et les rivalités personnelles survivent toujours aux affrontements politiques et aux luttes de pouvoir. La Colombie, pays de «la Violence» dans son histoire, reste le pays des violences au jour le jour. «D'un département à l'autre, constate le sociologue Daniel Pécaut, d'une ville à l'autre, d'un trottoir à l'autre, les luttes partisanes, les conflits sociaux et le banditisme se combinent et s'organisent de manières différentes autour d'une multiplicité de protagonistes.» Chaque conflit a son rythme, son explication, son entêtement pour refuser d'en finir. Medellín et Cali ont lutté par tueurs, par footballeurs, par attentats interposés. Il y eut un temps où Escobar s'efforçait méthodiquement de dynamiter un à un les magasins d'une chaîne de «drugstores» possédée par Gilberto Rodríguez Orejuela. Assez vite, le compte est devenu impossible à tenir: certains établissements sautaient à nouveau pendant les travaux de réfection.

En s'installant dans une des six cellules doubles de la « Cathédrale » (d'un côté, une chambre-bureau, de l'autre, un living-cuisine), Escobar s'apprête à vivre la plus douce période de sa carrière. *Home sweet home*, enfin. Plus d'errance; presque plus de crainte de voir survenir un commando dépêché depuis Cali ou l'unité Elite. Le survol de la prison est interdit, afin d'empêcher les bombardements. Une cabane, dissimulée parmi les pins, lui donne la possibilité de se mettre à l'écart s'il craint une attaque à la rocket. Un bunker lui permet de se couper de tout assaillant qui aurait franchi les trois enceintes. Il dispose aussi, semble-t-il, de plusieurs caches d'armes.

Je l'imagine assez bien isolé, souffrant au petit jour de la fraîcheur humide, inévitable si haut sur l'ubac, mais comblé par le privilège de disposer dans sa cellule de deux fenêtres donnant sur un petit balcon où il a disposé un télescope. Il est courant en Colombie de rencontrer des gens qui, tel Escobar dans sa « Cathédrale », souhaitent voir venir de loin. Ce sont des gens qui craignent d'être tués et qui ont pris les devants en fuyant à l'écart ; ou ce sont des gens qui ont tué et se cachent pour ne pas être assassinés en retour. Ils ne respirent pleinement qu'en marge du monde. Tous « fils de la violence », ils fournissent le plus gros de ces « colons » volontairement perdus dans des zones sans cadastre ni police et qu'on ne voit jamais sans hache, fusil, machette et chien. Ils forment le grain particulier de la Colombie : le mélange des armes et de la liberté.

Impossible de transmettre la saveur d'une vie de pionnier créée à partir de zéro ou presque — les plus habiles n'achètent que leur huile et du sel. Disons qu'il existe dans cette position deux sensations qui ne laissent aucun répit : l'affranchissement du défricheur de paysage et l'inquiétude du détenteur d'un patrimoine à la merci d'une escopette. Les colons les plus isolés, ceux qui, comme «El Patrón», préfèrent s'installer sur des positions élevées pour «voir venir», traînent souvent le passé le plus lourd. Réception à main armée, par principe, lors de toute visite. Mais ensuite, leur café très sucré a la chaleur d'une trêve.

La cuisine d'un colon, c'est un Far West qui ne fait pas de cinéma. Des traits de lumière entre les planches des murs. Un sol de terre battue. Un four de pierres et de glaise. Le bois qui finit de sécher près des braises. Il y a toujours dans un coin des bananes vertes attendant l'eau bouillante, un poulet qui picore la poussière et se fait bousculer par le chien, des gamelles de mauvais émail chinois, quelques chaises au siège tendu d'une peau de vache. «Même au bout d'un sentier que l'on cesse d'entretenir, on n'est pas certain de rester en paix», m'expliquait dans un tel décor Lorenzo G., la soixantaine, maître absolu du domaine qu'il avait défriché, et d'un mutisme qui en disait long sur son passé. Sept enfants. Trois mules. Une épouse au regard de tragédie, dont le premier mari avait été tué six mois après ses noces. Des douilles de revolver sur le sol, partout, des balles dans l'écorce des arbres les plus proches. Lorenzo, entraîné au tir, établi en un lieu à peine accessible à dos de mule, ignoré des promeneurs, avec les cris des singes pour réveille-matin, prenait du poison à dose homéopathique, chaque jour, pour s'immuniser.

« Comme ça, confiait-il au fond de sa solitude, si “ils” veulent empoisonner le bouillon, ça ne me fera rien. »

Des «réfugiés» comme Lorenzo, il en existe au moins un demi-million en Colombie, estimait le décompte d'une étude en cours, au moment de la mort d'«El Patrón». Tous ne sont pas aussi isolés. La plupart se sont contentés de changer de département, de se couler dans les faubourgs d'une ville, mais tous ont été mis en chemin par une violence si diverse qu'elle en devient inexplicable. Cette confusion, cette impression de tourbillon meurtrier est même ce qui caractérise la Colombie en regard de la violence d'autres pays d'Amérique latine. Une décennie a ainsi suffi pour qu'on décompte 160 000 morts et probablement plus de 2 millions de réfugiés entre Salvador, Nicaragua et Guatemala. Mais il s'agit d'une catastrophe intelligible. On meurt selon les lignes dessinées par l'affrontement d'armées et de mouvements de guérilla, avec l'inévitable masse de paysans otages du conflit. Cela ne va pas sans horreur, mais, comme dans le cas des 30 000 «disparitions» opérées par les militaires argentins, chacun sait ce qui se passe. Cela est si peu le cas en Colombie qu'une nouvelle discipline, «la violentologie», a vu le jour, avec pour objet d'analyser et expliquer la violence.

Les «violentologues», le plus souvent historiens ou sociologues, tentent d'établir les lois de l'atrocité. Leurs travaux classent les morts et posent des questions qui pourraient s'appliquer aux accidents de la route: tue-t-on à la ville ou à la campagne? Des victimes groupées ou isolées? Ayant une appartenance partisane connue ou inconnue? Dans des zones où la propriété de la terre est établie? Des zones de petites ou de grandes exploitations? Avec ou sans caféiers?... La discipline a ses genres (témoignages, enquêtes, monographies régionales, synthèses, théories), ses méthodes et, cela va sans dire, ses dangers. Un «violentologue» me confiait ainsi, il y a plus d'un lustre, que l'étude toute fraîche d'un millier de meurtres à Cali montrait que plus de la moitié des victimes, petits voleurs, prostituées, mendiants, avaient été détenues dans un commissariat dans les vingt-quatre heures précédentes. «Cela implique, ajoutait-il, une telle volonté d'" éliminer " une partie de la population jugée parasite qu'il est impossible de publier, pour ma sécurité.»

La grande question, non tranchée, dans cette discipline porte sur l'existence d'une culture de la violence. Les Colombiens tuent-ils en répétant des formes d'intolérance qui figurent dans leur mémoire collective ? Ou bien leurs homicides sont-ils chaque fois le produit de conditions spécifiques : inégalités, oppositions partisanes, trafic de drogue, délinquance, guérilla, force publique inadéquate, conflits pour la propriété de la terre, etc. ?

C'est pour couper court à ce débat et faire de la « violentologie » une discipline historique que l'Assemblée constituante écrit une nouvelle charte. Elle est promulguée moins d'un mois après l'entrée d'Escobar en prison. « Nous avons adopté de nouvelles règles du jeu pour cesser de nous battre comme des ennemis et commencer à dialoguer comme des contradicteurs », déclare le président Gaviria lors de la ratification du nouveau texte. La tâche n'est pas simple, à en juger par son volume monstrueux : 397 articles, 40 dispositions transitoires. Tout a été changé, sauf ce qui concerne l'armée — un pouvoir intouchable, indéfectiblement hermétique, sauf à l'argent des « narcos » — et les monopoles économiques. Les dispositions qui, tel l'infamant article 120 de l'ancienne Constitution, répartissaient les charges publiques entre Conservateurs et Libéraux, ont été éliminées. Le pays se veut une démocratie ouverte à tous. L'état de siège est levé. Cet élan peut tourner court, mais une tentative existe d'en finir avec le face-à-face de deux partis et la violence tous azimuts. A la question : changer ou pas? le pays — à l'exception des guérilleros des Farc et de l'ELN — répond en changeant. Même Les Extradables participent à cet enthousiasme. Ils annoncent la dissolution de leur bras armé. «El Patrón» n'en a pas moins à apporter sa propre réponse. L'homme qui a provoqué ce renouvellement saura-t-il changer ou pas?

En entrant en prison, il se déclare désireux d'étudier — le journalisme plutôt que le droit, « parce qu'en Colombie on change de loi tous les jours ». Il aligne sur une étagère, derrière son bureau, les dossiers de ses affaires courantes, soigneusement étiquetés: «propositions d'éditeurs», «extradition», «journalistes en attente»... Rien, en apparence, sur le crime ou la drogue. Et sa discrétion n'empêche pas que l'on apprenne au-dehors qu'il s'inquiète de possibles poursuites judiciaires contre le M-19, en dépit du retour de ce mouvement à la vie civile et de son rôle moteur dans l'adoption de la nouvelle Constitution. Il semble craindre qu'on ne le laisse pas changer. A en juger par son apparence physique, il hésite: barbe, puis visage glabre, puis moustache, rasage et nouvelle moustache. Prendra-t-il le visage du repentir ou gardera-t-il celui du criminel?

On le sait aujourd'hui: derrière des barreaux, «El Patrón» reste «El Patrón». Il est même directement impliqué, au début de l'été 1992, dans l'assassinat des membres de deux familles de trafiquants d'Itagüi : Fernando et Mario Galeano, et Gerardo et William Julio Moncada. Ont-ils été assassinés dans la prison ou hors de celle-ci ? Escobar a-t-il ordonné leurs meurtres ou les a-t-il commis lui-même ? Ces détails restent discutés, mais le motif des assassinats est connu : un différend sur le montant de ce que tout trafiquant règle à «El Patrón» à l'occasion de chaque envoi de cocaïne. Escobar a fait saisir sur le patrimoine de ses partenaires ce qu'il estime être son dû. Une vingtaine de collaborateurs des deux familles perdent la vie dans cette crise prouvant que depuis sa « Cathédrale » Escobar mène ses affaires comme de coutume. Son incarcération ne change rien et l'Etat, spécialement au sein des services du procureur général de la Nation, ne peut l'ignorer, car une parente d'une des victimes affrète un avion, le 10 juillet, et lâche sur Envigado des tracts racontant le crime qui sont aussitôt reproduits par la presse.

« El Patrón » n'a perdu aucun de ses pouvoirs : corrompre, décider, menacer, s'approprier. Il détient le commandement réel du centre pénitentiaire dont il a fait son refuge. Aucune visite des locaux, aucune inspection des 33 membres du personnel ne pouvait affaiblir sa position. Mais l'inconscience, la légèreté reprochées ensuite à l'administration qui gérait l'endroit forment un procès injuste: pourquoi la « Cathédrale » serait-elle un îlot où l'autorité — par-delà les fonctions officielles ou électives — n'aurait pas pour fondement, comme dans le reste de l'Amérique latine, les honneurs passés, la fortune et l'influence personnelle d'un homme?

La Colombie, parce qu'elle assura après la guerre des Mille Jours un renouvellement régulier de ses élus, des élections ouvertes et l'existence d'une presse libre, a souvent été présentée comme une exception — un cas de «démocratie athénienne», disaient des politologues américains. L' Histoire, comme ailleurs sur le continent, y a pourtant laissé en héritage à tous la figure du caudillo, du chef militaire présidant aux combats de l'indépendance avant de diriger les premiers moments politiques du nouvel Etat, du leader que seule la mort dépouille réellement d'une autorité appuyée du poids des armes. La Colombie a même été la principale scène de la plus formidable figure du continent, du premier des caudillos, celui dont l'aventure a illuminé aussi le Venezuela, l'Equateur et le Pérou: Simón Bolívar, El Libertador.

Son modèle d'autorité est reproduit, souvent inconsciemment, par le guérillero qui prend les armes pour servir une action politique, par le militaire qui écarte des militants, par le propriétaire terrien qui arme sa milice sur ses terres, par le gouvernement qui dépêche l'armée pour régler une occupation de terres, par les présidents qui, avant Betancur, maintiennent l'état de siège dans le pays pendant plus de quarante ans, par tout un peuple qui use des armes durant « la Violence », et par Escobar dans sa « Cathédrale ». Ce pouvoir conforté par les armes semble naturel sur un continent qui n'a jamais trouvé meilleurs héros que ceux de l'indépendance : Toussaint Louverture, Bolívar, Santander, San Martin, O'Higgins, Saenz, Martí. Tous ces hommes appartiennent à des luttes sans partage, sans nuances, sans concessions. Ils n'ont pas occupé un pouvoir, ils ont été habités par ce pouvoir, et par là impossibles à contester comme à destituer. Voilà pourquoi, sans oser l'avouer, beaucoup de Latino-Américains perçoivent dans l'exigence d'un strict respect de la vie démocratique telle qu'elle fonctionne en Occident, l'insupportable demande de trancher tous liens avec leur Histoire.

Comme il s'agit d'une matière ténue, enfouie, un romancier l'atteint plus facilement qu'un politologue ou un spécialiste de droit constitutionnel. Les meilleurs livres sur la nature de l'autorité en Amérique latine demeurent de ce point de vue les romans de Graham Greene et, avant tout, ce roman raté, et présenté comme tel, un portrait à la limite des pouvoirs civil et militaire: *A la rencontre du Général.* Il s'agit, stricto sensu, d'une évocation d'Omar Torrijos, le leader du Panamá — dont le territoire appartint à la Colombie jusqu'à ce qu'elle en soit dépouillée à la faveur de la guerre des Mille Jours. Mais ce livre, qui visite aussi d'autres pays des Amériques, décrit en fait, page après page, l'essence d'une tension, partout la même, indéfinissable, et partout présente dans la déférence des officiers de sécurité, l'omnipotence des gouvernants sur les choses et les êtres (surtout les femmes), la fragilité des agendas, l'improvisation des décisions, l'enthousiasme des alliances, la perfidie des renoncements, l'excès des paroles et l'air de complot de chaque palais. «Dans ces pays, note Greene, en une phrase lumineuse, la politique a rarement signifié une simple alternance de partis rivaux dans les élections, mais elle a été une affaire de vie et de mort.»

En ordonnant le meurtre de ses associés, «El Patrón» n'a pas failli à son pouvoir. Même incarcéré, il reste dans le flot de l'Histoire. Il faudra quelques scrutins, et autant de législatures, pour savoir si ceux qui, lassés de sa violence, prétendent jouer avec une règle constitutionnelle neuve seront capables de s'affranchir du passé. Le vrai test aura lieu au point de concours de l'argent et de la politique: pourra-t-on éviter que les élections ne soient un négoce pour des électeurs ? La corruption effrénée dont usait «El Patrón» avant son incarcération avait son pendant en politique: le «conseil» du cacique, que son employé-électeur ne doit pas oublier; le document d'identité enlevé et remis à l'entrée du bureau de vote avec le «bon» bulletin et une somme d'argent; les fonds de subventions discrétionnaires dont usent les assistants parlementaires des élus.

La corruption politique n'est pas moins condamnable en Amérique latine que dans d'autres pays, mais son origine se comprend mieux. Bolívar en a décrit la source en parlant de ce sentiment étrange d'une population qui ne se croit ni indigène ni européenne, « mais une espèce à mi-chemin entre le propriétaire légitime de la terre et l'usurpateur espagnol ». De là, une Histoire faite d'appropriations, de pillages, de luttes pour la terre, du sentiment sincère que les choses sont à soi dès qu'on les a prises. Melgarejo, caudillo bolivien qui, selon la légende, vendit une partie du territoire pour s'acheter deux chevaux blancs, n'agissait pas autrement qu'Escobar faisant tuer les Moncada et Galeano pour prendre sa part de ce qu'ils possèdent.

Son évasion, on s'en doute, est scandaleuse, inexplicable et inexpliquée. Dans la nuit du 21 au 22 juillet 1992, alors qu'un demi-millier de soldats sont déployés autour de la «Cathédrale», Escobar prend en otages le vice-ministre de la Justice et le directeur national des Prisons. Tous deux venaient superviser le transfert du prisonnier vers un autre établissement. Le président Gaviria ne veut plus qu'«El Patrón» soit le maître absolu du monde où il vit, mais un détenu comme un autre en attendant la fin de l'instruction de son procès.

Au lever du jour, lorsque les Forces spéciales, une unité militaire acheminée depuis la capitale, donnent l'assaut à la prison, elles trouvent les deux hauts fonctionnaires, seuls. Escobar s'est enfui sans tirer un seul coup de feu, en compagnie de neuf autres détenus pour retrouver, dans l'espace immense d'où il est issu, la saga des *bandoleros* et des colons. Il a contre lui le cartel de Cali, les familles Galeano et Moncada, et leurs complices, l'armée et la police, les services du procureur de la Nation, l'administration pénitentiaire, pour ne rien dire des Etats-Unis et de la terre entière apprenant par la presse que la première figure du mal est en cavale.

Sur un mur de sa cellule «El Patrón» laisse une prière encadrée: «Faites Seigneur que mes ennemis aient des yeux et ne me voient pas; aient des mains et ne me saisissent pas; aient des pieds et ne me suivent pas. Faites que mon courage fasse de moi un saint Jean ou un saint Paul, et que par mes exploits j'aille libre où vous souhaitez que j'aille.» Pour l'heure, c'est lui qui choisit sa destination: la fuite. Particule libre, il a heurté les atomes de quelques institutions et les a rompus, avant de poursuivre sa trajectoire. Violence physique, choc social. Les «violentologues» colombiens ne sont pas près de prendre leur retraite.

VII

ESCOBAR DANS SON LABYRINTHE

Désormais, il est partout: dans les fêtes, où le masque de carnaval le plus porté le représente; dans la presse, qui rouvre la chronique délaissée durant ses treize mois de détention; enfin, dans les conversations vouées à la saga de ce criminel perce-murailles. Le pays hésite entre incrédulité et indignation en découvrant la vraie vie d'« El Patrón » à la « Cathédrale ». Il disposait de tout: armes, prostituées, gardiens appointés, rendez-vous d'affaires, parties de football, sorties secrètes vers Medellín, marijuana, alcool et même, annonce-t-on, un charnier pour brûler les corps de ses victimes à la chaux — il s'agit en fait du drainage d'un terrain de sport où un cuisinier a jeté des os de côtelettes.

La vérité ne trouve pas son compte dans le déballage nourri par les rumeurs et la presse après la fuite du plus puissant des «narcos», et le gouvernement, lui, perd le crédit acquis avec sa détention. L'administration pénitentiaire sombre même dans le ridicule en poursuivant la fouille de la prison durant deux journées pour vérifier qu' Escobar n'est pas caché sur place. Le troisième jour, l'évadé — qui n'a pas quitté la région — publie un communiqué daté de la forêt amazonienne pour dénoncer l'irruption des forces armées dans son existence de détenu. Il regagnera sa cellule, dit-il, si, comme dans une guerre où il faut séparer les deux parties, des troupes de l'Onu veillent sur lui.

Empreinte digitale et signature d'«El Patrón» authentifient ce document: Escobar n'avance plus sous le masque des Extradables. Son mythe s'en trouve renforcé. Sa présence en prison illustrait le retour à la paix, sa fuite devient le symptôme d'une évolution opposée: le retour des affrontements dans un pays qui ne se retient plus. Le Parlement se déchire durant plus de deux cents heures de vains débats pour trouver des coupables à l'évasion. Par ses questions, une commission d'enquête met en cause le président et plusieurs ministres. Mais les élus traînent tellement pour adopter un projet de loi anti-enlèvements qu'éleveurs et entrepreneurs font paraître des publicités dénonçant les extorsions de fonds de la pègre et de la guérilla. L'assassinat dans leur sommeil de 26 soldats affectés à la garde d'un puits de pétrole illustre cette violence des guérilleros tandis que, sur le front des «narcos», la mort de «Tyson», principal tueur du cartel, repéré par le DAS, provoque le meurtre en représailles d'une trentaine de policiers en civil à Medellín. Ce n'est pas le retour de la «guerre totale», mais la psychose de guerre est déjà revenue.

Début novembre, le président Gaviria proclame l'«état de commotion interne» : donner la parole aux guérilleros devient un délit de presse, payer une rançon, un délit économique; l'armée réglemente le maintien de l'ordre dans les zones chaudes; vitesse limitée à 50 km/h, de nuit, à Medellín, et obligation d'allumer l'éclairage intérieur des véhicules.

Escobar a-t-il le pouvoir d'inverser à ce point le cours des événements depuis sa clandestinité retrouvée? Non, bien sûr. Mais son retour en scène constitue un de ces fugitifs moments où l'Histoire semble soudain révélée. L'Histoire, cet art que les hommes ont de nommer les premiers rôles des pièces qui s'écrivent sans eux. Les Colombiens ont prétendu éradiquer leur passé, c'est-à-dire la violence; son zélateur le plus sombre a été emprisonné; mais le passé a continué sur son erre: la guérilla, le cartel de Cali ont comblé les vides dans un pays qui, comme tant d'autres en Amérique latine, reste une somme de pouvoirs en armes et de ressources à saisir.

Rien de plus révélateur sur ce point que la courte existence du mouvement M-19. Elle coïncide exactement dans le temps avec la carrière d'Escobar. Le M-19 forge son nom à partir d'une élection (le 19 avril 1970) dont il déplore l'irrégularité, mais il choisit la lutte armée. Il s'offre, en 1974, un lancement moderne avec des publicités dans la presse, mais sa première action, le vol de l'épée de Bolívar, annonce un retour aux origines. Il unit des guérilleros du Pérou, d'Equateur et de Colombie dans un Bataillon Amérique, « armée bolivarienne en marche », mais un de ses dirigeants, Báteman, troque à Cuba de la cocaïne contre des armes et un autre, Fayad, forme à Cali des « milices populaires » qui finiront pour partie dans le cartel de la ville. Báteman, Fayad meurent, mystérieusement, comme Pizarro, un des candidats assassinés avant l'élection présidentielle de 1990. Et pour finir, leur successeur à la tête de l'« Alliance démocratique M-19 », Navarro Wolf, copréside l'Assemblée constituante avec un élu conservateur que le M-19 avait gardé deux mois en otage.

Escobar n'est en rien le promoteur exclusif du cocktail de la drogue, du défi au pouvoir légitime, des armes et des obscures affaires internes. Mais il s'est trompé sur les quantités: pas assez de compromis et trop de morts, trop de défis publics, trop de drogue négociée, trop de haines nourries jusque dans son propre camp. L'issue sera à la mesure des excès: pas de prison, ni de procès, ni de pseudoprocessus de paix; rien qu'un coup d'arrêt pour «El Patrón», dont la volonté d'aller jusqu'au bout de sa mort témoigne autant de la dérive d'un homme que de la dérive de son pays, et même de tout le continent.

La soumission de chacun à son destin reste une des faces les plus impénétrables du tragique latino-américain. «La sécurité, c'est une perte de temps», me disait, deux ans avant sa mort, Bernardo Jaramillo, leader de l'Union patriotique, un des trois candidats assassinés durant cette campagne pour l'élection présidentielle de 1990. J'étais venu l'interroger sur ses soucis personnels face aux meurtres de militants de son parti — on en était alors à plus de six cents tués — par des groupes paramilitaires liés à Rodríguez Gacha, «le Mexicain». «Je m'efforce de faire le nécessaire pour ma sécurité, disait-il en rajustant contre son torse le revolver qui ne le quittait pas. Je change mes horaires, j'allonge les déplacements; cela limite mon action.»

J'espérais une attitude de héros antique, une lassitude de maudit des dieux chez ce grand garçon brun condamné par ses ennemis, mais son aveu le plus grave fut un réflexe: enfiler son gilet pare-balles, sans y penser, en lançant: « On prend un café en face ? » Tout était dit : non seulement, il restait à un poste qui lui offrait toutes chances d'être assassiné, mais il était même disposé à rencontrer ses tueurs pour avaler un café. Ce comportement serait le symptôme d'un fatalisme extrême si tout autre chose que ce qu'il y paraît n'était en jeu. Je crois que dans les moments de conflits en Amérique latine, y compris les cas de vie ou de mort, on atteint vite un point où les concepts de raison gardée, de respect des institutions, de logique économique et de souci du futur s'effacent au profit d'une vision du monde divisé en deux camps. Hors de son groupe naturel (clan, village, vallée, quartier, syndicat, organisation, réseau de «compadres»), un homme n'a que des ennemis. Ce qu'exprime très bien Bolívar réécrit par García Márquez : «La vérité c'est qu'ici il n'y a d'autres partis que ceux qui sont avec moi et ceux qui sont contre moi.»

Ceux qui sont avec «El Patrón» au sortir de la « Cathédrale » forment une équipe réduite. Six des prisonniers partis avec lui, dont son frère Roberto, se sont rendus aussitôt. Le répit de la détention leur a fait perdre le souffle indispensable pour se lancer dans une guerre qui fera plus de morts que de détenus. Barrages routiers, perquisitions des domiciles sans mandat et tirs sans sommation sont les méthodes employées contre les troupes d'«El Patrón». En retour, celles-ci assassinent 68 policiers en civil, durant le second semestre de 1992, avec l'inhumanité désespérée de ceux qui tuent pour retarder leur mort. C'est une guerre sans quartier, et dans les deux camps. Un dispositif de police installé autour de la prison d'Itagüi ôte du reste toute garantie de rester en vie aux candidats à la reddition.

Cette logique jusqu'au-boutiste inspire Escobar puisqu'il annonce au début de l'année 1993 le lancement d'une rébellion armée: «Antioquia rebelle». Il tente de rallier à sa cause les «milices populaires», des groupes armés d'autodéfense, liés à des partis de gauche, parfois à la guérilla, et qui assurent la protection des quartiers déshérités de Medellín dans les moments d'insécurité. En tant que sergent recruteur, il fait dans sa ville le calcul de la Banque mondiale considérant le continent: «Ne pas agir agressivement contre la pauvreté encouragera probablement les conflits sur la répartition des richesses, en incitant au mécontentement et peut-être même au retour au populisme, au dirigisme et au chaos.» On connaît les chiffres: un cinquième des Latino-Américains se partagent 4 % des revenus du continent; 70 millions d'entre eux vivent avec moins de 1 dollar par jour. Mais Medellín — et les dollars de la cocaïne y sont pour quelque chose — ne connaît pas la misère de l'altiplano bolivien, du Nicaragua ou du Guyana.

Et puis ce serait trop facile, trop logique si les inégalités alimentaient à tout coup la révolte.

Qui, à Bogotá, Mexico, Ciudad de Guatemala ou Quito, qui n'a pensé, tel Escobar dans son dernier combat, qu'un jour la violence du décor urbain prendrait un sens, que ces vigiles armés de fusils devant des maisons bourgeoises, que ces concierges d'immeubles portant revolver et ces gardes installés avec leurs pièces d'artillerie derrière des talus de terre ceinturant les bâtiments officiels, finiraient par vivre la guerre de défense des privilèges qu'ils semblent attendre ? Pour le moment — et ce n'est pas faute de gens pour l'avoir tenté — nul n'a trouvé le bouton de la mise à feu. Escobar pas davantage. Le manque de troupes lui impose un repli sur l'horreur du terrorisme : des attentats aveugles, à la voiture piégée. L'un d'eux, le 30 janvier, à Bogotá, fait 21 morts, dont 3 enfants, et 68 blessés. Le président Gaviria prend la peine d'annoncer qu'Escobar est « l'ennemi public numéro un de la Colombie ». Une évidence qu'il faut énoncer ne serait-ce que pour justifier l'emploi de tous les coups contre cet ennemi.

(J'ouvre ici une parenthèse pour noter ce symptôme du déclin d'Escobar : aucun de ses attentats, en 1993, ne sera aussi meurtrier que la victoire de l'équipe colombienne de football sur celle d'Argentine par 0-5. La célébration de ce succès, qualificatif pour la Coupe du monde, fait 76 morts dans le pays et plus de sept cents blessés dans la seule ville de Bogotá.)

(Une autre parenthèse: «El Patrón» n'a pas eu ma sympathie dans l'épanouissement de sa puissance; il n'aura pas davantage ma commisération dans la sanglante catharsis qui précède son élimination. Son personnage n'est pourtant pas tombé du ciel, et s'il était judicieux de le peser en regard de la géopolitique, l'histoire, l'économie et l'état des sociétés d'Amérique latine, il n'est pas moins éclairant de juger les moyens et les résultats employés pour en finir avec lui.)

Il y a trois fronts pour combattre Escobar; un seul est officiel. On y trouve le Bloc de recherche, une nouvelle unité que ses vains efforts tournent en ridicule. Quinze cents hommes rassemblés sous un même commandement avec l'unique mission de trouver un seul homme. La Police, le DAS, plusieurs services de l'armée, une antenne de la DEA et divers conseillers techniques américains intègrent cette unité d'élite qui reçoit des informations de plusieurs agences américaines de renseignement. Son activité est double: elle rassemble des données grâce à des moyens d'écoutes sophistiqués, aux délations du cartel de Cali ou au versement de primes à des délateurs de Medellín ou de Bogotá; elle exploite ces données dans des opérations militaires offensives, parfois plusieurs centaines par mois : embuscades, fouilles totales de certaines zones, opérations héliportées ciblées. Face aux membres du Bloc de recherche, les hommes d'Escobar — tels Palomo, El Gordo, Enchufe... — trouvent la mort, toujours au combat, semble-t-il.

Le deuxième front, officieux, est ouvert au lendemain du monstrueux attentat de Bogotá. On y trouve les « Pepes » (*Perseguidos por Pablo Escobar*, Poursuivis par Pablo Escobar), un groupe clandestin formé autour d'anciens partenaires des familles Galeano et Moncada, et d'ex-collaborateurs d'« El Patrón » qui se retournent contre lui. Y figurent aussi, selon Escobar, les frères Rodríguez Orejuela et leur principal compagnon du cartel de Cali, Jose Santacrúz Londoño, ainsi que le colonel Hugo Martinez, un officier du Bloc de recherche. Autant dire, qu'il s'agit, si cette liste est fondée, d'un « groupe paramilitaire », en charge d'une « sale guerre ». Quelques Pepes ont été identifiés par la justice, tardivement. En revanche, les Pepes, eux, identifient très tôt les propriétés d'Escobar (qu'ils dynamitent), ses collections de voitures anciennes (qu'ils brûlent), ses collaborateurs (qu'ils assassinent). Leurs communiqués s'expriment sur un ton de défi violent : ils veulent « détruire » le patrimoine et les troupes d'Escobar en utilisant les méthodes de terreur d'Escobar. Ils invoquent la loi du talion.

Le troisième front est celui d'une confrontation d'homme à homme. Parmi les Pepes, affirme Escobar, se trouve Fidel Castaño Gíl. Sous le nom d'«El Rambo», cet ancien chercheur d'émeraudes a animé l'Acdegam, la milice des «narcos» dans la région du Moyen-Magdalena. Il connaît les réseaux, les hommes, les méthodes employés par Escobar pour sa sécurité. Souvent accusé d'avoir massacré des paysans, il avoue avoir côtoyé des «bandits»; «mais heureusement, précise-t-il, ce que nous avons fait était de combattre la guérilla». Il s'est amendé, il a désarmé ses troupes et distribué, fin 1990, des terres aux paysans victimes de la violence. Pour Escobar, c'est ce repenti, lancé dans une croisade contre son ancien chef qui, par ses connaissances, assure aux Pepes de frapper juste comme lorsqu'ils tuent Hernán Dario Henao, dit H. H., le responsable de la sécurité de la famille Escobar, ramené du Moyen-Magdalena où il a servi sous les ordres d'El Rambo.

Sur ce point au moins, on peut prendre les messages d'Escobar — qui écrit beaucoup au procureur de la Nation — pour argent comptant: «El Patrón» ne se plaint pas des soldats lancés à sa poursuite, ni des avions-radars qui espionnent ses liaisons par radiotéléphone. Il est préoccupé, en revanche, d'avoir à lutter contre un autre cacique, un homme qui a l'habitude d'être, sur ses terres, la seule autorité.

Afin d'en finir avec Escobar, on en revient donc à l'affrontement de bandes de civils armés. Pour la Colombie, c'est une régression vers la vieille violence historique — un échec mineur puisque aucun progrès n'était promis. Mais pour les Etats-Unis, c'est le naufrage de la grandiose «guerre à la drogue» annoncée par George Bush, en 1989. Cette offensive, appuyée par le recours aux moyens d'écoute et aux patrouilles aériennes des forces armées américaines, personnifiée par la présence d'un nombre sans précédent de ses agents (DEA, CIA, Défense) en Colombie, amplifiée par la campagne diplomatique en faveur de l'extradition, se résout dans un affrontement sauvage par balles et explosifs entre les restes d'une organisation de trafiquants et un groupe de tueurs anonymes, avec les inévitables décès d'innocents pris dans la tourmente. Et les Colombiens paient le coût sanglant de cette déroute. En février 1993, quand le General Accounting Office, l'organe d'études du congrès des Etats-Unis, reconnaît que «le volume de cocaïne entrant dans le pays n'a pas diminué de manière appréciable», deux voitures piégées font 4 morts et 100 blessés à Bogotá. En avril 1993, lorsque le président Clinton avoue: «Il est temps que nous concentrions notre attention sur notre pays», en promettant un changement de la politique antidrogue, on relève dans la capitale colombienne 11 morts et 108 blessés dans un attentat à l'explosif et, le lendemain, les «Pepes» laissent une pancarte sur le corps sans vie d'un avocat d'Escobar et de son fils: «Que penses-tu de l'échange avec les bombes de Bogotá, Pablo?»

En cinq ans, près de 40 milliards de dollars ont été dépensés par les Etats-Unis sans que leurs 2 millions d'utilisateurs réguliers de cocaïne diminuent leur consommation annuelle (300 tonnes). Quelques jours avant qu'Escobar ne soit abattu, l'Amérique entame sa retraite: tous ses budgets d'aide à la lutte contre la drogue dans les pays de production diminuent d'un tiers. Elle n'en désigne pas moins une nouvelle cible en publiant ses données: 80 % de la cocaïne vendue en Europe et 70 % de celle vendue aux Etats-Unis proviennent du cartel de Cali. A nouveau, Washington trouve que le gouvernement colombien doit agir fermement, moins chercher la reddition que le jugement des «narcos» de la grande ville du Sud-Est. Comme disent les Américains, en français dans le texte, c'est du «déjà vu».

Il reste pourtant difficile d'espérer livrer là-bas, sous la statue du Christ-Roi qui domine la ville, la même guerre que celle qui ravagea Medellín. Cali est plus tendre, plus douce. Ses trafiquants sont davantage porter à corrompre qu'à tuer; ils sont amollis par leur vie parmi les orchidées de Ciudad Jardín, un rêve de ville pris dans des fleurs tropicales. Certes, la sixième avenue ou l'avenue Pasoanchó pourraient devenir les parfaits théâtres de l'horreur si ces trafiquants étaient à leur tour attaqués militairement. Mais c'est le capitalisme qui passe à l'offensive contre eux, le vrai, celui qui fonctionne sans monopoles. L'industrie de la cocaïne se renouvelle d'elle-même dans un climat de concurrence. Cali possède ainsi trois cartels: celui des frères Rodríguez Orejuela, dans la ville même, celui des frères Urdinola Grajales, au nord du département du Valle del Cauca, et enfin celui des frères Orejuela Caballero dans le centre du département. Avec ce qui reste du trafic, à Medellín, et les zones d'activité sur la côte Caraïbe, dans le département du Cauca et à Bogotá, il est plus juste d'évoquer sept cartels principaux qui travaillent de façon plus souple, souvent hors de Colombie. Les trafiquants suivent le même chemin qu'Escobar, de l'industrie vers la finance. Ils mènent beaucoup d'opérations à l'étranger, ne rapatriant que la part de profit dont ils ont besoin.

Le négoce reste formidable: 2 milliards de dollars, estime-t-on, sont entrés dans l'économie du pays en 1993. Les réserves de change de la Banque de la République augmentent. Les exportations sont entravées par l'appréciation du peso colombien. Mais les trafiquants, comme toujours, font exception. Ils ont même inauguré, dans les derniers mois de la cavale d'Escobar, un moyen de transport irréductible pour aller vers les Etats-Unis: le sous-marin télécommandé à partir d'un bateau qui le suit à distance. Impossible pourtant d'affirmer qu'ils ont gagné. En Amérique latine, on ne gagne jamais, on change de chimère. En 1993, pour la première fois, les cultures de pavot destinées à fabriquer l'héroïne dépassent celle de coca — 14 000 hectares contre 12 000, selon les estimations de la police. Voilà les prémices d'un possible futur, lorsque la cocaïne reculera pour vérifier la première loi de l'économie du continent: tout bénéfice est appelé à disparaître. La cocaïne elle-même ne disparaîtra pas, mais ses profits comme ceux du caoutchouc, du café, de la banane ou de la marijuana chuteront à la façon d'une fièvre retombée sans disparaître tout à fait et qui s'étiole dans une lente fatigue.

Toute l'histoire de la cocaïne en Colombie — sa fin à venir comprise —, était déjà racontée, avant même qu'elle n'ait débuté, dans les pages de *Cent ans de solitude* consacrées à la «peste bananière» accablant le village de Macondo. Fruit ou poudre blanche, Macondo ou Medellín, les effets sont identiques: population bouleversée, abondance de l'argent, importation d'objets de luxe pour les responsables du nouveau commerce vivant dans des maisons surprotégées, rues rendues méconnaissables par des conflits et des comportements publics scandaleux, présence de policiers qui n'hésitent pas à tuer, cadavres ramassés au petit jour.

García Márquez n'a rien imaginé. En artiste réaliste, il s'est inspiré d'Aracataca, la petite ville colombienne de la côte caraïbe où il est né et qui a connu le «boom de la banane» avec une zone de plantations de 10 000 hectares dont il ne reste plus rien. L'endroit a aujourd'hui un air de désolation terrible avec beaucoup de poussière, de l'herbe entre les rails d'une voie ferrée étroite et quelques zébus trop las pour brouter. Il y a un magasin qui s'appelle « Les matins d'avril », un autre nommé « Le Poulet comédien ». Au bord de la grand-route, on vend des serviettes éponge, des jeans de contrebande du Venezuela. Les habitants ont peint sur les murs de leur ville les papillons jaunes qui volent dans le roman afin de rapprocher fiction et réalité. Mais la seconde a rejoint la première par elle-même, d'un «boom» à l'autre: certaines villas construites pour les gérants des bananeraies sont passées aux mains de capos de la drogue.

« Les artistes sont les antennes de la race», affirmait Ezra Pound; ce n'est jamais si vrai qu'avec les écrivains latino-américains. Ils voient plus loin, vont plus profond que les spécialistes en sciences humaines. Leurs romans constituent le plus puissant outil forgé pour étudier leur continent. Les historiens ou sociologues ne déméritent pas mais demeurent moins bien équipés que les romanciers dans un monde où les représentations de l'esprit l'emportent sur les données matérielles, où les pires malheurs sont endurés comme les signes d'une lutte en cours entre des idées religieuses, politiques, magiques, voire pathologiques, qui finiront par s'imposer aux faits.

Si Kafka avait été latino-américain, proclame une boutade plus sérieuse qu'il n'y paraît, il serait considéré comme un écrivain régionaliste. Depuis près de deux siècles, depuis que Domingo Faustino Sarmiento a publié *Facundo*, la biographie du cacique argentin Facundo Quiroga que le dictateur Rosas a fait assassiner, la littérature ne cesse de repasser sur ce carrefour de la violence et du pouvoir où chacun sent bien que gît le plus dense du mystère du continent. *Pedro Páramo* de Juan Rulfo, *El señor Présidente* de Miguel Angel Asturias, *Moi, le su-*

prême de Roa Bastos, *le Recours de la méthode* d'Alejo Carpentier, *l'Automne du patriarche* de Gabriel García Márquez, *la Guerre de la fin du monde* de Mario Vargas Llosa sont autant d'interrogations sur l'âme insondable de celui qui régit la vie des autres. Son pouvoir sans limite rend le caudillo inquiet, mélancolique, plein de lui-même jusqu'à l'apoplexie, au point qu'il devienne — c'est une constante — la proie du romanesque de son propre esprit ; les souffrances éventuelles du gouverné ne relèvent plus dès lors de la réalité du monde, ou d'une atteinte aux droits de l'homme orchestrée par un tyran, mais des monstres qu'enfantent le sommeil d'une raison.

Le pouvoir en Amérique latine est toujours un songe partagé. C'est ce qui donne à l'effilochement du règne d'« El Patrón » la forme d'un réveil pénible, d'un retour à la réalité des choses dans un monde soudain fragile et difficile. Escobar découvre que sa solitude n'assure aucune sécurité à ses proches. S'attaquer à sa famille n'est plus un tabou ; pour preuve : l'incendie d'une propriété de sa mère, l'enlèvement de son neveu Nicolas, un tir au fusil lance-grenade contre l'immeuble d'Envigado où il a regroupé tous ses parents, et même la castration de « Terremoto », le cheval pur-sang de son frère — un épisode inouï de romanesque mêlant la culture équestre du «paisa» à la violence d'une menace de mafiosi. Ses prête-noms peinent pour subvenir à ses besoins de refuges et d'argent, car les Pepes torturent et tuent celui qui commet le seul crime d'être l'homme de paille d'Escobar. Même l'intendance ne suit plus: «Angelito», le bien-nommé, son ange gardien, tout à la fois secrétaire et valet, est abattu par le Bloc de recherche.

Escobar s'attarde-t-il dans le rêve d'invulnérabilité que porte tout caudillo ou veut-il rassurer lorsqu'il écrit à son épouse: «Ne t'inquiète pas, car tout finira bien et le moment viendra où nous pourrons être tous ensemble comme nous le méritons. Je passerai beaucoup de temps avec vous...» Il n'est plus que l'homme traqué, chargé de haine et d'une inquiétude intime que montre en creux le courrier qu'il reçoit, saisi dans ses caches par la police et publié par la presse. Rien que des lettres écrites en bout de course. Ses correspondants dénoncent les traîtres collaborant avec le Bloc de recherche. Ses tueurs demandent où ils doivent s'adresser pour continuer à le servir après l'assassinat d'un chef de groupe. Tout le monde, famille comprise, annote de façon obsessionnelle les numéros des plaques minéralogiques des voitures utilisées par les Pepes et le Bloc de recherche.

Lui qu'on avertissait lorsqu'un rotor d'hélicoptère se mettait en mouvement, à plus de deux cents kilomètres, en est réduit à se méfier de chaque automobile qui tourne le coin de la rue. La contraction de son appareil de renseignement le rend vulnérable. Il saute de planque en planque dans Medellín. Il lui faut l'anonymat de la ville. Le contrôle de l'ensemble d'une zone rurale est devenu hors de sa portée et les hommes du Bloc de recherche quadrillent sans peine les régions peu habitées. Il ne peut échapper au sentiment d'avancer sur un chemin qui se resserre. On songe là à un autre livre de García Márquez, *le Général dans son labyrinthe*, à cette conscience de l'inévitable échec, à ce gris qui nourrit la mélancolie des derniers jours de Bolívar reconstitués par le romancier. La perte du pouvoir ne permet à l'officier que de «reconstruire la splendeur d'antan avec les cendres de la nostalgie».

Bolívar est le père de tous les Latino-Américains, de tous les Colombiens, qu'ils soient Conservateurs ou libéraux, civils ou militaires, guérilleros en mal de voler son épée ou «narcos», comme Escobar. A tous, «El Libertador» a montré la gloire nécessaire de l'échec. García Márquez n'a pas fait lever un sourcil en évoquant « l'horreur » de son livre qui constitue pourtant le plus subtil portrait en pied du pouvoir sur le continent. Bolívar est la preuve, démontrée du Venezuela jusqu'au Pérou, de la catastrophe immanente dans tout triomphe. Ce passage de la lumière à l'ombre va de soi sur une terre où les conquistadors ont appris qu'un homme n'a que deux choses à attendre: l'épuisement de l'or et la mort. Trois ans avant sa fin, Escobar n'écrivait pas autre chose en entreprenant la rédaction d'un livre laissé inachevé. «La mort de Pablo Escobar, écrivait-il, est quelque chose d'imminent, et il ne pourra pas l'empêcher, avec tout l'or du monde... Ceux qui l'ont exploité savent que cette mine est épuisée...»

D'un point de vue technique, la maison où Escobar reçoit la mort est localisée par l'écoute des ondes du radiotéléphone. Les inflexions, les intonations de la voix d'«El Patrón», stockées sur un ordinateur, sont comparées en temps réel aux appels captés. Quelques minutes avant qu'il ne soit tué, on «entend» donc qu'il téléphone. Les merveilles de la radiogoniométrie et des armes automatiques convergent sur lui.

D'un point de vue psychologique — le plus important dans cette localisation d'une cible — Escobar est déstabilisé par le départ de sa famille pour Bogotá, après l'attentat manqué à la grenade. Son épouse lui écrit: «Je ne suis pas en train de te désespérer, et je ne veux pas non plus te faire commettre des folies, mais quelle inquiétude... » Et aussi: « ...Tu me manques tellement. Je me sens faible. Parfois, je sens qu'une solitude immense s'empare de mon cœur. Pourquoi la vie doit-elle nous séparer ainsi... Tu vois des possibilités de se rencontrer ou je ne dois pas me faire d'illusions sur cela?... Je dois seulement penser à notre futur et à notre histoire parce qu'elle doit continuer.» Chaque ligne de sa fillette (« ... Papa, j'ai passé tant de temps sans te voir... ») est un déchirement.

« El Patrón » a encouragé de loin les efforts de ses proches pour gagner le Costa-Rica, les Etats-Unis, l'Allemagne. Quand ils échouent, ils s'établissent dans un appartement situé dans la résidence du Tequendama, l'hôtel de Bogotá où le «curé-minute» sert sa collation hors de prix chaque année. Les autorités colombiennes menacent de lever la protection policière donnée à la famille contre les Pepes. Angoisse, impuissance. C'est dans ce climat qu'intervient l'erreur d'Escobar : une conversation téléphonique de plus de deux minutes avec son fils. Elle donne le temps de localiser le lieu d'appel. Une «mort annoncée», écrirait García Márquez.

Ce final a une apparence: la mort par balles d'un homme rendu obèse par l'inactivité et l'inquiétude. Il a aussi une réalité: la fin d'une organisation si diminuée que sa seule fonction était de défendre son leader. Il a enfin une signification: tout continue. Mais cela n'est pas dit dans les communiqués de victoire du monde entier. Avec «El Patrón» ne disparaît pas un mauvais visage de l'Amérique latine. Elle possède plusieurs visages et elle dissimule — la mort d'Escobar le prouve — ceux trop lourds à porter face au reste du monde. Ce souci s'est manifesté à nouveau, de façon explicite, moins d'un mois après la mort d'Escobar lorsque l'entrée du Mexique dans la zone de libre-échange de l'Amérique du Nord fut suivie, quelques heures plus tard, d'une insurrection des indigènes du Chiapas. Que n'a-t-on pas dit pour donner à croire qu'un accord d'échanges fraîchement signé représentait mieux le pays que des «Zapatistes» porteurs de plus d'un millénaire de catastrophes? Graham Greene, avec son acuité irréfragable, avait pourtant défini le fond du désespoir dans un livre rédigé en 1938 au Chiapas: «Un pays, dit-il, où l'on devrait mourir en ne laissant derrière soi que des ruines.»

L'Amérique latine n'emprunte que des chemins mélangés, des «Routes sans lois», pour citer le titre de ce livre de Greene. Quand on la dit moderne, elle rappelle son archaïsme. Affirmer l'étroitesse de ses liens avec l'Occident suffit pour qu'aussitôt elle se proclame rebelle. «El

Patrón » n'a pas agi différemment en opposant à ceux qui faisaient de lui le «boss» d'un cartel économique international, la dureté inflexible d'un «bandolero» d'Antioquia.

L'explication couramment avancée pour décrire le mouvement du monde latino-américain à la fin du XXe siècle reste — une idée trop simple pour ne pas être démentie — celle de la nouvelle séparation: un siècle après s'être séparé de l'Eglise, l'Etat serait en passe de se séparer de l'économie grâce à la vague des privatisations d'entreprises nationales et à la vigueur retrouvée des accords d'échanges internationaux (Mercosur, Caricom, Pacte Andin, Marché commun centre-américain). Mais combien de siècles faudra-t-il encore pour la seule séparation qui vaille, celle, impossible, de l'Etat et de l'Histoire? Et comment dénouer ce qui fut serré si fort aux temps de la colonisation, du catholicisme ibérique et même de certaines violences précolombiennes?

L'Amérique, affirme la thèse classique d'Edmundo O'Gorman, n'a jamais été découverte, mais plutôt inventée. On en est toujours là, de la Patagonie au Mexique, à l'impossible conciliation entre une découverte en cours d'inventaire et l'invention d'une réalité qui refuse de se découvrir. Sur le chemin de ce mystère, Escobar est un caillou semé pour les Petits Poucets de la méconnaissance que nous sommes. Il faut le ramasser.

A la différence d'un ami qui fit le voyage jusqu'au cimetière d'Itagüi afin de porter des orchidées sur sa tombe, je ne suggère ni fleurs ni couronnes pour Escobar. Mourir, pour lui, n'était que le dernier d'une série de travaux pratiques. En apprenant son décès, j'ai moins pensé à lui, à « El Patrón », dont Germán me parla un si beau jour près de ses caféiers, qu'à Nostromo, le personnage imaginé par Conrad lorsqu'il rebaptisa la Colombie du nom de Costaguana. Nostromo, «incorruptible» et charismatique chef des travailleurs du port, perd la tête et se fait tuer pour voler la cargaison d'argent qu'on lui avait confiée. C'est dans cette folie d'un homme, révélée dans un coup de force, que le mystère d'Escobar et du continent qui l'a vu naître doit le mieux se déchiffrer. «Nostromo, l'homme, m'intrigue tellement, avoue le romancier Scott Fitzgerald. J'aurais préféré tirer son âme de derrière sa présence étonnante et muette que d'avoir écrit n'importe quel roman au monde.» Mettons que je n'aie dit que ça: Escobar a trop de noirceur dans l'âme pour ne pas être le héros providentiel de notre roman du mal.

CHRONOLOGIE

LES GUERRES DE COLOMBIE AU TEMPS D'ESCOBAR

«El Patrón» n'a jamais revendiqué en public un assassinat à titre personnel. Il n'a pas non plus été condamné pour crime. Impossible donc, de lui attribuer à coup sûr les homicides dont on le dit être l'auteur. En outre, la disparition de l'essentiel de ses sbires, tombés les armes à la main, prive historiens et «violentologues» d'indispensables témoignages. Il est néammoins avéré que tous les actes de violence recensés ci-dessous ne peuvent lui être imputés pas plus que toutes les violences et tous les attentats commis ou commandités par Pablo Escobar ne peuvent être recensés. La chronologie qui suit laisse notamment de côté l'essentiel des meurtres de fonctionnaires de la justice, de policiers et de journalistes.

« L'idée selon laquelle le trafic de drogue serait la cause principale de la violence politique en Colombie relève du mythe», affirme l'organisation Amnesty International dans un rapport rendu public quelques semaines après la mort d'Escobar. Ainsi, les assassinats des candidats à l'élection présidentielle Bernardo Jaramillo ou Carlos Pizarro, ne devraient en aucun cas être attribués à «El Patrón». Mais il a occupé une telle position de prééminence dans son pays que tous les meurtres commis lors de son ascension, son apogée et sa décadence, ont été malgré tout une contribution au climat de violence qu'il avait voulu.

1er décembre 1949. Naissance de Pablo Emilio Escobar Gaviria, à Rionegro, dans le département d'Antioquia.

LES DÉBUTS

11 septembre 1974. Arrestation d'Escobar pour le vol d'une automobile. Il est aussitôt poursuivi pour un second vol identique.

29 mars 1976. Il épouse Victoria Eugenia Henao Vallejo. Ils auront un garçon et une fille.

9 juin 1976. Escobar est détenu pour possession de 39 kilos de cocaïne et tentative de corruption de fonctionnaires. Sitôt libre, il entame sa carrière de trafiquant.

30 mai 1982. Il est élu membre suppléant du congrès sous l'étiquette de la «Rénovation libérale».

LA LUTTE CONTRE L'EXTRADITION

16 août 1983. Au cours d'une séance du congrès, Rodrigo Lara Bonilla, ministre de la Justice, accuse Pablo Escobar d'être un trafiquant de drogue.

25 août 1983. Le quotidien *El Espectador* révèle que l'élu parlementaire Escobar est poursuivi depuis 1976 pour trafic de cocaïne.

20 janvier 1984. Escobar annonce son retrait de la vie politique.

10 mars 1984. Raid de la police colombienne sur Tranquilandia, plus grand complexe de laboratoires de cocaïne jamais découvert. Saisie de plus de 20 tonnes de cocaïne.

30 avril 1984. Assassinat de Rodrigo Lara Bonilla, ministre de la Justice.

4 mai 1984. Escobar et d'autres dirigeants du cartel exilés au Panamá s'entretiennent avec Alfonso López Michelsen, ex-président de la République colombienne, afin qu'il transmette à

Bogotá leur offre de renoncer au trafic en échange d'une amnistie.

25 juin 1984. Escobar est photographié par un informateur de la DEA alors qu'il charge au Nicaragua de la cocaïne à bord d'un avion en route vers la Floride. Un mois plus tard, il est inculpé pour ces faits aux Etats-Unis.

26 juillet 1984. Les Etats-Unis demandent à la Colombie l'extradition de Pablo Escobar.

6 novembre 1985. Des guérilleros du M-19 prennent le contrôle du Palais de justice de Bogotá. L'armée reconquiert le bâtiment par les armes et le feu. Plus d'une centaine de morts et de disparus.

6 mai 1986. Escobar et une vingtaine de trafiquants demandés par la justice des Etats-Unis diffusent une lettre collective dénonçant l'extradition comme une atteinte à la souveraineté nationale.

7 août 1986. Virgilio Barco devient président de la République au milieu des tanks et des troupes d'une capitale en état de siège.

6 novembre 1986. Premier communiqué des «Extradables». Ils promettent de suspendre leurs «actions militaires» en échange d'une amnistie.

17 novembre 1986. Assassinat du capitaine Jaime Ramirez, ancien directeur de la Police antidrogue, qui avait réalisé le raid sur Tranquilandia.

18 novembre 1986. Inculpation à Miami de Pablo Escobar en tant que membre du cartel de Medellín pour importation de 58 tonnes de cocaïne sur le territoire des Etats-Unis.

12 décembre 1986. La Cour suprême déclare inconstitutionnel le traité d'extradition américano-colombien de 1979. Début de six mois de lutte juridique entre cette institution et la présidence désireuse de mettre en œuvre le texte.

17 décembre 1986. Assassinat de Guillermo Cano, directeur du quotidien *El Espectador* qui avait, le premier, dénoncé les activités d'Escobar comme trafiquant de drogue.

25 juin 1987. Un vote de la Cour suprême met définitivement fin à toute possibilité de mise en œuvre du traité d'extradition de1979.

26 septembre 1987. Création de la « Coordination générale Simón Bolívar » regroupant les six principaux mouvements de guérilla (l'EPL n'est toutefois représenté que par une dissidence).

LA MONTÉE EN PUISSANCE

11 octobre 1987. Assassinat de Jaime Pardo Leal, leader de l'Union patriotique.

22 novembre 1987. Les Extradables menacent de guerre «la classe dirigeante politique du pays» en cas d'extradition de Jorge Luis Ochoa, un des principaux dirigeants du cartel, qui vient d'être arrêté. Il est libre avant la fin de l'année.

Décembre 1987. Début du premier cours à l'académie militaire créée par les trafiquants de drogue sur l'Ile de la Fantaisie, dans la région du Moyen-Magdalena. Ses premiers «diplômés» sont impliqués dans une bonne part des massacres commis par des groupes paramilitaires en zone rurale tout au long de l'année 1988.

13 janvier 1988. L'explosion d'une voiture piégée détruit une résidence d'Escobar, l'immeuble Monaco, à Envigado, où réside sa famille.

22 mars 1988. Escobar manque d'être arrêté lors d'une opération menée par les forces de sécurité dans sa propriété d'El Bizcocho.

25 janvier 1988. Assassinat de Carlos Mauro Hoyos, procureur général de la Nation, au cours d'une tentative d'enlèvement.

6 septembre 1988. Le président Barco lance une initiative de paix afin de ramener les guérilleros au sein d'une vie politique pacifique. Les trafiquants de drogue demandent discrètement et vainement à bénéficier de la mesure.

30 novembre 1988. Un rapport secret du Département administratif de sécurité (DAS) avertit la présidence de la République d'un rapprochement entre «narcos» et militaires.

Février 1989. Un nouveau rapport du DAS affirme que certaines régions sont passées sous le contrôle de forces paramilitaires financées par des trafiquants de drogue.

4 avril 1989. Premier affrontement entre des forces de l'ordre et des membres d'un groupe d'autodéfense financé par les trafiquants de drogue, à Monteloro. Une série d'opérations menées par l'armée contre le trafic de drogue aboutit à la chute de dix gros laboratoires et à la saisie de plus de 20 tonnes de cocaïne.

19 avril 1989. Le gouvernement adopte trois décrets d'état de siège destinés à lutter contre les groupes d'autodéfense et les forces paramilitaires.

LA GUERRE TOTALE

18 août 1989. Assassinat dans la matinée de Valdemar F. Quintero, chef de la police dans le département d'Antioquia. Assassinat en fin d'après-midi de Carlos Galán, précandidat du parti libéral à l'élection présidentielle. Quelques heures plus tard, le président Virgilio Barco déclenche une immense opération militaire et policière contre les trafiquants de cocaïne avec 11 000 arrestations et perquisitions en cinq journées.

23 août 1989. Les Extradables publient une déclaration de «guerre totale». Des juges reçoivent une lettre promettant le meurtre de dix magistrats pour toute extradition de trafiquant.

25 août 1989. Le président Barco annonce que la Colombie «est en guerre». Le même jour, la Présidence des Etats-Unis annonce l'octroi à la Colombie d'une aide d'urgence de 65 millions de dollars sous forme d'équipements militaires (hélicoptères, véhicules divers, armes). L'essentiel servira dans la lutte contre la guérilla.

2 septembre 1989. Attentat contre les locaux du quotidien *El Espectador*. 73 blessés.

5 septembre 1989. Le président George Bush développe la «guerre contre la drogue» dans une «stratégie andine» englobant Colombie, Equateur et Pérou.

22 novembre 1989. Escobar s'enfuit à l'arrivée de policiers de l'unité Elite dans une propriété où il séjourne, près de la rivière Cocorna.

27 novembre 1989. Une bombe explose à bord d'un avion de la compagnie Avianca qui vient de quitter Bogotá pour Cali. 107 morts, aucun survivant.

6 décembre 1989. Attentat contre le siège du Département Administratif de Sécurité (DAS) à Bogotá. Une soixantaine de morts, sept cents blessés.

15 décembre 1989. Mort de José Gonzalo Rodríguez Gacha, n°2 du cartel, tué par les forces de sécurité dans le nord de la Colombie.

17 janvier 1990. Les Extradables affirment reconnaître le «triomphe de l'Etat». Faute de voir leurs demandes satisfaites, ils déclenchent une campagne d'attentats et de meurtres de policiers qui dure un semestre.

6 février 1990. Le mouvement de guérilla M-19 renonce à la lutte armée et annonce sa participation aux élections municipales à venir en tant qu'« Alliance démocratique M-19 ».

22 mars 1990. Assassinat de Bernardo Jaramillo, candidat de l'Union patriotique à l'élection présidentielle.

13 mai 1990. Attentat à la voiture piégée dans un centre commercial de Bogotá. 15 morts, 56 blessés. Durant deux semaines, une série d'attentats à l'explosif, dans plusieurs villes du pays, fait près de cent morts et des centaines de blessés.

26 avril 1990. Assassinat de Carlos Pizarro, candidat de l'« Alliance démocratique M-19 » à l'élection présidentielle.

15 juin 1990. Le président Barco remanie le commandement de l'armée et de la police sans justifier ses décisions.

24 juillet 1990. La police de Medellín annonce que 214 policiers ont été tués dans des attentats au cours des quatre derniers mois.

27 juillet 1990. Les Extradables annoncent la suspension «des assassinats de policiers, juges, magistrats, journalistes, hommes politiques» et invitent l'Assemblée nationale constituante à profiter de ce répit pour interdire l'extradition dans la constitution.

LA RECHERCHE DE LA PAIX

7 août 1990. Cesar Gaviria prend ses fonctions de président de la république de Colombie. Son gouvernement inclut un ex-guérillero du M-19.

10 août 1990. Mort de Gustavo de Jesús Gaviria, neveu d'Escobar et responsable de ses envois de cocaïne vers les Etats-Unis.

30 août 1990. Les Extradables enlèvent huit journalistes dont la fille d'un ex-président de la République. Après ces enlèvements à visée médiatique interviennent de nombreux enlèvements destinés à obtenir le versement de rançons.

5 septembre 1990. Adoption du décret 2047, premier d'une série de textes destinés à faciliter la reddition des trafiquants de drogue.

9 décembre 1990. Election de l'Assemblée nationale constituante destinée à établir la charte d'un pays pacifique. Le même jour, l'armée colombienne attaque le siège du commandement central des Farc dans la province du Meta. Farc et ELN répliquent durant les semaines suivantes par des attentats contre des intérêts économiques et des installations militaires.

19 décembre 1990. Fabio Ochoa est le premier des grands dirigeants du cartel de Medellín à se livrer à la justice. Ses deux frères suivent son exemple dans les mois suivants.

24 janvier 1991. Assassinat d'une otage des Extradables, Marina Montoya, sœur du secrétaire général de la Présidence sous le gouvernement Barco.

25 janvier 1991. Diana Turbay, la fille d'un ex-président de la République détenue en otage par les Extradables, est assassinée lors d'une intervention de la police qui tente de la libérer.

26 janvier 1991. Les guérilleros du PRT renoncent à la lutte armée en livrant leurs armes ou en les jetant dans la mer des Caraïbes.

5 février 1991. Débuts des travaux de l'Assemblée nationale constituante. Les guérilleros des Farc et de l'ELN répliquent à l'action réalisée par l'armée le 9 décembre en déclenchant 52 opérations militaires au cours de la journée. Une cinquantaine de morts dans le pays.

16 février 1991. Explosion d'une voiture piégée au sortir d'une corrida, à Medellín. 18 morts, 128 blessés.

1er mars 1991. Les guérilleros de l'EPL remettent leurs armes aux autorités afin de regagner la vie civile.

31 mars 1991. Assassinat de Enrique Low Murtra, ex-ministre de la Justice, le dernier en vie des juristes qui avaient préparé le traité d'extradition signé avec les Etats-Unis en 1979.

1er juin 1991. Ouverture à Caracas, au Venezuela, de pourparlers entre le gouvernement colombien et la Coordination générale Simón Bolívar.

9 juin 1991. Escobar se livre aux autorités en atterrissant en hélicoptère dans l'enceinte de la « Cathédrale », une prison aménagée pour lui à Envigado.

4 juillet 1991. Promulgation de la nouvelle Constitution. Elle exclut l'extradition. Levée de l'état d'urgence.

L'ULTIME CAVALE

22 juillet 1992. Escobar s'évade avec neuf détenus alors que le gouvernement va le transférer dans un autre établissement pénitentiaire.

7 novembre 1992. Après l'assassinat de 26 soldats dans leur sommeil, le président Gaviria proclame «l'état de commotion interne» et lance «la guerre contre le cœur et le talon de la guérilla». L'armée abat 550 guérilleros dans les six premiers mois de 1993.

15 janvier 1993. Escobar annonce la constitution d'un groupe armé: «Antioquia rebelle».

30 janvier 1993. Attentat à la voiture piégée à Bogotá. Vingt et un morts et 68 blessés.

31 janvier 1993. Annonce de la constitution du groupe terroriste clandestin Pepes (« Perseguidos por Pablo Escobar ») qui entame aussitôt des meurtres et des attentats contre des intérêts économiques d'Escobar.

15 février 1993. Deux attentats à la bombe font 4 morts et plus de 100 blessés à Bogotá.

15 avril 1993. Un attentat à la voiture piégée fait 11 morts et 108 blessés à Bogotá. Des enfants sont parmi les morts.

11 octobre 1993. Escobar s'échappe d'une zone bouclée par les forces de sécurité à Aguasfrias, près de Medellín.

2 décembre 1993. Escobar est tué à Medellín alors qu'il tente de fuir un commando du Bloc de recherche.

NOTES

Donner des références n'est guère nécessaire au terme d'un ouvrage nourri de notes personnelles. Mais certaines lectures sont des rencontres aussi fortes que celle des gens ou des paysages ; elles doivent être rapportées. La découverte, alors que je terminais ce livre, d'*El Patrón, vida y muerte de Pablo Escobar*, de Luis Cañón M. (Planeta Colombiana, Bogotá, 1994) m'a ainsi permis de lire le texte d' Escobar sur lui-même dont je cite quelques lignes dans le dernier chapitre. Au-delà, j'ai eu plaisir à vérifier, dans cette première biographie d' Escobar, qu'« El Patrón» et son entourage percevaient et exprimaient le parallèle iconoclaste que j'esquisse entre la vie du trafiquant et celle de Bolívar, patriarche et modèle de toute autorité sur le continent latino-américain.

Il existe une littérature abondante sur le trafic de la drogue. J'espère avoir été influencé par les livres que j'estime: *Los jinetes de la cocaina* de Fabio Castillo (Documentos Periodísticos, Bogotá, 1987), qui offre un coup de projecteur bien venu sur la montée de l'« argent chaud» dans la société colombienne; *Desperados* d'Elain Shannon (Viking, New York, 1988), indispensable pour resituer le climat politique aux Etats-Unis lorsque la drogue est devenue un problème reconnu et si mal géré; enfin, *Cocaïne* d'Edmundo Morales (University of Arizona Press, Tucson, 1989) qui demeure, par-delà les informations livrées sur la culture de la coca au Pérou, le modèle de ce que peuvent produire l'intelligence et l'humanité d'un enquêteur disposé à prendre un risque qu'aucun journaliste, me semble-t-il, n'a jamais couru. Les réflexions du sociologue Alain Joxe citées dans le chapitre III sont tirées de *La planète des drogues* (Le Seuil, Paris, 1993), actes du premier colloque international de l'Observatoire géopolitique des drogues. *Impacto del narcotrafico en Antioquia*, de Mario Arango, a été publié en 1988 (Editorial J. M. Arango). Les chiffres sur le trafic de drogue sont tirés des rapports publiés chaque année aux Etats-Unis par le Bureau of International Narcotics Matters, du Département d'Etat, et par le National Narcotics Intelligence Consumers Committee.

Les données concernant l'économie latino-américaine sont puisées dans deux numéros spéciaux : le supplément « Under Construction, A survey of Latin America » de *The Economist* (13 novembre 1993) ; et le centième numéro de *Problèmes d'Amérique latine* (avril-juin 1991, La Documentation française).

Le meilleur manuel sur la Colombie m'a guidé bien que je ne le cite jamais dans le texte : *The Politics of Colombia* de Robert Dix (Hoover Institution Press, Stanford, 1987). Les spécialistes colombiens des sciences humaines ont publié, et parfois avec un réel courage, de nombreux livres sur la violence, en général d'une bonne qualité quant à l'information rassemblée. J'ouvre volontiers *Pasado y Presente de la Violencia en Colombia* (Cerec, Bogotá, 1986), un ouvrage collectif dirigé par Gonzalo Sánchez et Ricardo Peñaranda, et offrant de bonnes pistes bibliographiques. Ce livre comprend une contribution de Daniel Pécaut sur « les » violences, citée supra dans le sixième chapitre. Les témoignages directs sur les époques de violence fondent toute « lecture » de la Colombie ; pour ce qui a trait à la période récente, j'ai retrouvé le climat paradoxal de la recherche par les armes d'une société plus pacifique dans *Las guerras de la paz* d'Olga Behar (Planeta Colombiana, Bogotá, édition augmentée, 1986).

Les citations de Bolívar sont tirées, bien sûr, de la «Lettre de Jamaïque» *(Contestación de un Americano Meridional a un Caballero de esta Isla)*. J'ai utilisé l'anthologie *Escritos Políticos* (Alianza Editorial, Madrid, 1990). On y trouve aussi la réflexion de Bolívar sur le gouvernement de la Colombie citée supra dans le cinquième chapitre; elle figure dans une lettre du Libertador à Daniel O'Leary, datée de Guyaquil, le 13 septembre 1829.

Les sigles des mouvements de guérilla cités dans le texte se développent ainsi:

— Farc: Fuerzas Armadas Revolucionarias de Colombia (Forces armées révolutionnaires de Colombie, armée de guérilleros d'inspiration pro-soviétique).

— M -19 : abréviation de Movimiento 19 de Abril (référence à l'élection du 19 avril 1970, mouvement de guérilla urbaine).

— ELN: Ejército de Liberación Nacional (Armée de libération nationale, guérilla d'inspiration castriste).

— EPL : Ejército Popular de Liberación (Armée populaire de libération, guérilla marxiste-léniniste).

— PRT : Partido Revolucionario de los Trabajadores (Parti révolutionnaire des travailleurs, petit parti prônant la lutte armée).

— Quintin Lame : mouvement de guérilla formé d'indigènes du département du Cauca.

Deux essais sont mentionnés dans le texte : *Problemática de la actual novela latino-americana,* d'Alejo Carpentier (dans *Ensayos*, Editorial Letras Cubanas, 1984) et *Latinos* d'Earl Schorris (Norton, New York, 1993).

La chanson de Randy Newman, paroles et musique, dont un vers est cité dans le troisième chapitre s'intitule « In Germany Before the War ». Elle figure dans l'album *Little Criminals* (Warner).

Quelques œuvres de fiction sont citées sans que leurs titres soient mentionnés. Il s'agit de : *The End of the Affair* (Graham Greene), *The Mozo* (D.H. Lawrence), *The White Album* (Joan Didion). La remarque de Francis Scott Fitzgerald sur Nostromo figure dans *F. Scott Fitzgerald in His Own Time : A Miscellany* (Ken State University Press, 1971).

Les romans de Gabriel García Márquez forment le meilleur outil dont puissent se saisir les politologues tentés par l'Amérique latine et en particulier la Colombie. La remarque sur l'Amérique latine citée en page 7 est tirée de *Pas de lettre pour le colonel* mais tous les autres livres peuvent être nommés ici, qu'ils traitent de la violence ou d'autres démons.

TABLE